Carol Kinsey Goman **Erfolg ohne Worte**

Für Skip, weil ich ihn liebe;
für Joyce, weil sie immer zu mir hält;
für Toni, weil sie meine Lieblingsschwester und
meine beste Freundin ist.

Carol Kinsey Goman

Erfolg ohne Worte

Körpersprache verstehen und anwenden

Übersetzt von Irmela Erckenbrecht

orell füssli Verlag

Umschlaggestaltung und Motiv: Hauptmann & Kompanie Werbeagentur, Zürich
Druck: fgb • freiburger graphische betriebe, Freiburg

ISBN 978-3-280-05507-6

Die Deutsche Nationalbibliothek verzeichnet diese Publikation in der Deutschen Nationalbibliografie; detaillierte bibliografische Daten sind im Internet über http://dnb.d-nb.de abrufbar.

MIX
Papier aus verantwor-
tungsvollen Quellen
FSC® C106847

Inhalt

Im Gespräch sollte man vor allem auf das hören, was nicht gesagt wird.

Peter F. Drucker

Einleitung

Haben Sie sich jemals gefragt...
- ... welchen Eindruck ich auf andere mache?
- ob ich meiner Chefin das wirklich glauben soll?
- ob ich nun einen echten Kaufinteressenten vor mir habe oder ob ich bloß meine Zeit verschwende?
- ob mein Team wirklich verstanden hat, was ich sagen wollte?
- was der Kunde damit meinte?
- woher ich wissen soll, ob sie wirklich auf meiner Seite ist?
- ob mein Publikum verärgert, frustriert, interessiert ist oder schlicht gelangweilt?

Die Antworten auf diese Fragen sind eigentlich offenkundig. In beruflichen Situationen wird immer die Wahrheit gesagt – bloß nicht immer mit Worten. Ihre Chefin behauptet, Sie seien mit einer Beförderung dran, lehnt sich dabei aber zurück, verschränkt die Arme und lächelt gequält mit zusammengepressten Lippen – was soll man da wohl glauben? Der Kunde behauptet, eigentlich kein neues Auto zu wollen, schielt dabei aber immer wieder zu dem auf dem Tisch liegenden Kaufvertrag – hat er nun Interesse oder nicht?

Die stummen Signale der nonverbalen Kommunikation verraten versteckte Motive und Emotionen – Angst, Aufregung, Freude, Unschlüssigkeit, Frust und vieles mehr. Selbst die kleinsten Gesten, zum Beispiel wie jemand dasteht oder ein Zimmer betritt, können über seinen inneren Zustand, seine Sicherheit, sein Selbstwertgefühl und seine Glaubwürdigkeit Bände sprechen. Allerdings gilt dies auch umgekehrt: Wie *Sie* sitzen oder stehen und wie *Sie* andere anschauen, verrät über Ihre wahren Gefühle manchmal mehr, als Ihnen lieb ist.

Expertenwissen

Ich bin Expertin für Körpersprache, und zwar seit meiner Geburt. Es mag Sie überraschen, aber das Gleiche gilt auch für Sie! Schon als Säuglinge zeigen wir klar und deutlich unsere inneren Zustände, deuten auf Dinge, die uns interessieren, und bauen durch Augenkontakt eine enge Beziehung zu unseren Eltern auf. Im Laufe unserer Kindheit nehmen wir dann all die Gesten und Ausdrücke in unser Repertoire auf, die sich in unserer Familie und unserer Kultur als angemessen und wirksam erweisen. Je älter wir werden, desto besser lernen wir, die Signale, die als zu direkt oder gar unerwünscht gelten, zu verändern oder zu verbergen.

All das geschieht in der Regel unbewusst.

Erst als ich mich im Rahmen meines Master-Studiums an der Uni auf meine Tätigkeit als Therapeutin vorbereitete, wurde mir die Bedeutung all der nonverbalen Signale klar, die ich mein Leben lang sowohl gesendet als auch empfangen hatte. Meine Ausbildung im NLP (Neurolinguistischen Programmieren) und die nähere Beschäftigung mit den Ansätzen von Milton H. Erickson zur Hypnose und Psychotherapie zeigten mir, wie ich die Augenbewegungen, Gesichtsausdrücke und Körperhaltungen meiner Mitmenschen richtig deuten konnte, um ihre inneren Beweggründe und Widerstände offenzulegen. Als ich dann selbst als Wirtschaftsberaterin zunächst vor nationalem, später auch vor internationalem Publikum aufzutreten begann, achtete ich stärker auf meine eigene Körpersprache. Ich wollte, dass auch meine Gesten, Haltungen und Ausdrücke tatsächlich die Inhalte transportierten, die ich sprachlich herüberzubringen versuchte. Die dabei gewonnenen Erkenntnisse nutze ich bis heute beim Coaching von Führungskräften und Managern.

Bei den Recherchen zu diesem Buch habe ich mich mit den neuesten Forschungsergebnissen auf dem Gebiet beschäftigt. Fachleute aus der Evolutionären Psychologie, Neurobiologie, Medizin, Soziologie, Kriminologie, Anthropologie und Kommunikationswissenschaft haben jeweils ihre eigenen Methoden und Konzepte in die Erforschung der nonverbalen Kommunikation eingebracht. Die Folge ist ein vertieftes Verständnis davon, *wie* und *warum* die Körpersprache so viel Macht besitzt.

Körpersprache am Arbeitsplatz

Ein gründliches Verständnis dafür, welche Rolle die Körpersprache in unserem täglichen Arbeitsleben spielt, ist eigentlich für uns alle unverzichtbar. Und trotzdem erlebe ich immer wieder, dass Führungskräfte, Manager und Verkäufer die eindeutigen Signale anderer übersehen oder falsch interpretieren und sich dabei auch gegenüber der Bedeutung ihrer eigenen nonverbalen Signale blind stellen. Gleichzeitig gilt heute als unumstritten, dass Erfolge im Geschäftsleben größtenteils von den Beziehungen zu anderen Menschen abhängen; die Bedeutung guter sozialer Kompetenzen könnte also kaum größer sein. Mit diesem Buch möchte ich Ihnen helfen, die Macht der nonverbalen Kommunikation für sich zu entdecken und optimal einzusetzen.

«Also, als Erstes lecke ich meinen Kunden das Gesicht, dann wedele ich ein bisschen mit dem Schwanz und springe freudig auf und ab. Das ist es, was mich von den anderen Verkäufern unterscheidet!»

Wer nämlich diese Fertigkeiten besitzt – also nicht nur die nonverbalen Signale anderer deuten kann, sondern selbst auch die dazu passenden nonverbalen Antworten hat –, kann im Berufsleben enorme Vorteile für sich verbuchen, und zwar unabhängig davon, aus welcher Branche er kommt.

Millionen von Menschen arbeiten heutzutage im Management, im Verkauf, in der Gastronomie, im Justizwesen, in Krankenhäusern, bei der Polizei, in Schulen und Hochschulen, beim Sicherheitspersonal. All diese Menschen – und darüber hinaus jeder, der im öffentlichen Leben steht, mit Menschen zu tun hat, Vorträge hält, Kundenkontakt hat, mit anderen verhandelt oder Mitarbeiterinnen und Mitarbeiter führt – müssen sich klar machen, wie eng ihr beruflicher Erfolg mit der Beherrschung der Körpersprache zusammenhängt. Hier ein paar Beispiele dafür, wie dies in der Praxis funktioniert.

Personalführung. Frühere Methoden, die auf Befehl und Kontrolle setzten, haben seit dem Ende des Industriezeitalters in der Personalführung ausgedient. Heutige Managerinnen und Manager, egal auf welcher Etage eines Unternehmens sie angesiedelt sind, führen eher durch persönlichen Einfluss als durch irgendwelche echten oder vermeintlichen Kontrollen. Dabei hängt ihr Wirken von zwei Hauptfaktoren ab:

- von ihrer Fähigkeit, die Sichtweise ihrer Mitarbeiterinnen und Mitarbeiter zu verstehen, das heißt, sie müssen gut zuhören können – sie müssen wissen, wie man nonverbale Botschaften richtig interpretiert;
- von ihrer Fähigkeit, stimmig zu kommunizieren, das heißt, das gesprochene Wort muss mit ihrer Körpersprache übereinstimmen, weil sie die eigene Wirkung sonst unbewusst sabotieren.

Bildung. Lehrerinnen und Lehrer, die ihre Klassen dazu motivieren wollen, Aufgaben gewissenhaft und vollständig zu erledigen, müssen die nonverbale Seite ihrer Kommunikation beachten. Studien mit Fünftklässlern, Gymnasiasten und Studierenden haben gezeigt, dass

Lernende aller Altersstufen besser auf Lehrkräfte reagieren, die den effektiven Einsatz grundlegender nonverbaler Signale wie Augenkontakt, bekräftigendes Nicken und eine zugewandte Körperhaltung beherrschen. Wer diese Signale richtig einsetzt, kann die Motivation von Schülerinnen und Schülern enorm beeinflussen, sodass deren Bereitschaft, den Anweisungen und Ratschlägen ihrer Lehrkräfte zu folgen, erheblich steigt.

Verkauf. In dem Moment, in dem sie einer Verkäuferin oder einem Verkäufer zum ersten Mal gegenüberstehen, werden Kunden anhand ihres Aussehens und ihrer Körperhaltung eingeschätzt. Dieser Vorgang dauert in der Regel nicht länger als sieben Sekunden – die Wirkung hält aber sehr viel länger an. Ob es am Ende zu einem Verkauf kommt, hängt oftmals von den beim Erstkontakt ausgetauschten nonverbalen Signalen ab. Kleidung, Körperhaltung, Gesichtsausdruck, Mimik und Augenkontakt sind wichtige Faktoren, die man verstehen muss, um erfolgreich verkaufen zu können.

Verhandeln. Auch erfolgreiches Verhandeln ist eine Frage der korrekten Interpretation dessen, was das Gegenüber »zwischen den Zeilen« kommuniziert. Am besten erreicht man dies durch ein umfassendes Verständnis der Körpersprache. Gute Verhandler spüren deutlich, wann sie einen Gang herunter- oder heraufschalten müssen. Sie wissen, wie man Ängste ausräumt und aufgeladene Situationen entspannt. Anstatt sich dabei allerdings nur auf das Gesagte zu verlassen, achten sie in besonderem Maße auf nonverbale Anhaltspunkte, die etwas über die unbewusste und damit ungefilterte Motivation ihres Gegenübers verraten können.

Gesundheitswesen. Der Zusammenhang zwischen den nonverbalen Fertigkeiten von Ärztinnen und Ärzten sowie der Zufriedenheit der von ihnen behandelten Menschen ist enorm. Auch wenn die Beurteilung des technischen Know-hows nicht davon beeinflusst wird, führen die sensible Reaktion auf nonverbale Signale und die »klinische Empathie« (Medical College of Virginia) zu einer deutlich höheren Zufriedenheit – und infolgedessen auch zu weniger Beschwerden oder gar Schadensersatzklagen.

Polizei. Bei der Vernehmung von Verdächtigten sollte man, statt nur zuzuhören und die sprachlichen Äußerungen auf Ungereimtheiten zu prüfen, auf die kleinsten Anzeichen in der Gestik oder Mimik achten, zum Beispiel auf ein kurzes Lächeln, das möglicherweise auf ein Täuschungsmanöver hindeuten kann.

Kundenservice. Dass die positive Einstellung des Personals für den Erfolg der Kundenbetreuung ausschlaggebend ist, weiß man seit Langem. Neuere Studien zeigen darüber hinaus, dass ein Gespür für die Bedeutung nonverbaler Signale genauso wichtig ist. Nur so lässt sich in vielen Situationen erkennen, worum es einer Kundin oder einem Kunden in Wirklichkeit geht.

Virtuelle Meetings

Wer andere über neue Initiativen, Strategien oder innerbetriebliche Umwälzungen informieren muss, sollte – besonders, wenn es sich um schlechte Nachrichten handelt, immer versuchen, dies von Angesicht zu Angesicht zu tun. Auch wenn ein Team sich über die weitere Zusammenarbeit absprechen soll, würde ich immer dazu raten, mit einem gemeinsamen Meeting zu beginnen, damit die Beteiligten sich persönlich kennenlernen können.

In der direkten Interaktion erhält unser Gehirn eine wahre Flut nonverbaler Hinweise und Informationen, aus denen Vertrauen und berufliche Kollegialität erwachsen kann, denn beides ist, wie wir wissen, für die erfolgreiche Zusammenarbeit wesentlich. In eine E-Mail oder sonstige schriftliche Mitteilung lassen sich solche Informationen nicht hineinpacken.

Bis vor Kurzem war es selbst bei Videokonferenzen kaum möglich, diesen Aspekt einzubeziehen. Mittlerweile aber bieten Firmen wie Cisco Systems, Hewlett-Packard und Apple Videosysteme an, die virtuelle Begegnungen auf die Ebene eines persönlichen Zusammentreffens zu heben vermögen. Ich selbst habe eine faszinierende Demonstration des »TelePresence Meeting«-Systems von Cisco miterlebt. Durch lebensgroße Bilder und einen raumechten Sound entsteht der Eindruck, man säße mit den Kolleginnen und Kollegen in einem Raum, obwohl sie sich in Wirklichkeit auf der anderen Seite der Erdkugel (oder auch bloß auf einem anderen Stockwerk im selben Gebäude) befinden. Es gibt tatsächlich so etwas wie Augenkontakt unter den virtuellen Teilnehmerinnen und Teilnehmern der Videokonferenz und man kann direkt und spontan auf die Mimik und Gestik der anderen reagieren.

Ciscos »TelePresence Meeting«-System: die zweitbeste Möglichkeit nach dem persönlichen Meeting

Solche Videokonferenzen sind heute nur ein Aspekt einer großen Revolution im Videobereich. Dazu gehören auch »vlogs« (= »video blogs«), eine weit verbreitete Möglichkeit, per Internet eigene Überlegungen und Gedankengänge zu kommunizieren, sowie die vielen Video-Sharing-Sites wie YouTube und Co. Für alle, die sich im Berufsleben bislang hinter Schriftstücken oder Computermonitoren verstecken konnten, bedeutet dies, dass man sie in Zukunft häufiger direkt sehen wird – ein weiterer Grund dafür, an den eigenen nonverbalen Fertigkeiten zu arbeiten.

Vorausschau auf die einzelnen Kapitel

Jedes der folgenden Kapitel wird durch Fotos, Cartoons, Vorschläge zum Ausprobieren, Beispiele aus dem Alltagsleben oder Ähnliches aufgelockert. Jedes Kapitel wird Sie auf seine Art in die Geheimnisse der Körpersprache und deren wissenschaftliche Aufarbeitung einführen. **Kapitel 1: Eine Sprache ohne Worte** zeigt die grundsätzliche Stoßrichtung des Buches auf und gibt einen Überblick über die fünf wichtigsten Faktoren, die es beim Entziffern der Körpersprache zu beachten gilt: Kontext, Verhaltenscluster, Übereinstimmung, Beständigkeit und Kultur.

Die darauf folgenden fünf Kapitel betrachten den menschlichen Körper von Kopf bis Fuß. **Kapitel 2: Ganzkörpersprache verstehen** nimmt den Körper als Ganzes unter die Lupe. Dabei geht es vor allem um die Frage, welche Botschaften die jeweilige Körperhaltung vermitteln kann. **Kapitel 3: Aus den Augen kommt der Sinn** unterstreicht die Bedeutung des Augenkontakts, analysiert verschiedene Augenbewegungen und erklärt den Unterschied zwischen »geschäftlichem« und »sozialem Blick«. **Kapitel 4: Von Angesicht zu Angesicht** behandelt die verschiedenen Gesichtsausdrücke und die dahinter liegenden Gefühle. Vor allem die sechs universellen Ausdrücke (Freude, Trauer, Überraschung, Angst, Ekel/Verachtung und Wut) kommen hier zur Sprache. Außerdem lernen Sie, ein echtes von einem unechten Lächeln zu unterscheiden. **Kapitel 5: Mit den Händen sprechen** geht auf die Bedeutung der Arm- und Handbewegungen für die Vermittlung innerer Zustände wie Selbstvertrauen, Offenheit, Angst oder Widerstand ein. **Kapitel 6: Zeigt her eure Füße** knöpft sich die faszinierende Welt der nonverbalen Botschaften von Beinen und Füßen vor – Körperteilen, deren Signale oft übersehen werden.

Kapitel 7: Wohlfühlzonen beschäftigt sich anschließend mit der sozialen Distanz, die wir um uns herum aufbauen, also dem als notwendig empfundenen zwischenmenschlichen Abstand, der das Gelingen persönlicher, sozialer und öffentlicher Begegnungen möglich macht. In diesem Kapitel werden wir auch lernen, wie man Sitzplätze bei geschäftlichen Treffen am besten arrangiert und welchen Eindruck das Aussehen eines Büros auf andere macht. **Kapitel 8: Die Macht der Berührung** handelt vom körperlichen Austausch, und zwar vor allem von der Kunst des Händeschüttelns. Aber auch die »Berührungsetikette« am Arbeitsplatz wird dabei nicht zu kurz kommen. **Kapitel 9: Körpersprache in verschiedenen Kulturen** spricht die vielen kulturellen Unterschiede an, die in der nonverbalen Kommunikation eine Rolle spielen. Vom Begrüßungsverhalten über verschiedene Ausprägungen der sozialen Distanz bis hin zu unterschiedlichen Körperhaltungen und Berührungsritualen wird alles erklärt, was in einer Kultur erwünscht, in einer anderen dagegen eher verpönt ist. **Kapitel 10: Einen guten Eindruck machen** zeigt schließlich, wie andere Ihre Körpersprache interpretieren. Sie lernen, wie man in den entscheidenden ersten sieben Sekunden einer Begegnung einen positiven Eindruck macht, wie das eigene, natürliche Charisma optimal zur Geltung gebracht werden kann und wie man souverän durch Teambesprechungen führt oder andere berufliche Situationen meistert.

Ein Hinweis: Wenn Sie meinen, man könne durch Körpersprache andere Menschen manipulieren oder in die Irre führen, muss ich Sie enttäuschen. Es verhält sich nämlich genau umgekehrt. Wenn Sie bewusst mit der nonverbalen Körpersprache umzugehen lernen, liegt Ihr einziger Vorteil darin, Ihre innere Offenheit, Ehrlichkeit, Zugewandtheit und Verbindlichkeit auch nach außen ausstrahlen zu können. Aufrichtigkeit lässt sich nicht vortäuschen, zumindest nicht lange. Der Trost: Anderen gelingt dies ebenso wenig.

Vorsprung beim beruflichen Erfolg

Wer die nonverbale Kommunikation als berufliche Kompetenz zum Zuge bringen will, muss im Grunde nichts anderes tun, als sich bewusst zu machen, was vorher unbewusst abgelaufen ist. Ab sofort hat man nicht mehr bloß vage Ahnungen, sondern gesicherte Erkenntnisse und kann genau benennen, welche körperlichen Signale in einer bestimmten Situation prägend sind – erst dann entscheidet man, welche Schlussfolgerungen man daraus ziehen will. Statt nur darauf zu hoffen, bei anderen gut anzukommen, lernt man, über die eigenen nonverbalen Signale sein Selbstvertrauen und die eigene Glaubwürdigkeit bewusst nach außen zu tragen.

Wer diese Fertigkeiten für sich zu nutzen lernt, braucht sich gar nichts grundlegend Neues anzueignen. Vielmehr geht es darum, sich der Macht der nonverbalen Kommunikation bewusst zu werden und die eigenen Instinkte und Talente zu schärfen, um diese Macht für sich in Anspruch zu nehmen. Dieses Buch zeigt Ihnen, wie die Körpersprache funktioniert und welche Wirkung mit bestimmten nonverbalen Signalen verbunden ist. Und mit der Zeit (und einiger Übung) lernen Sie, sich auf die eigenen Eindrücke zu verlassen. Sie lernen, die von den Augen, den Ohren und dem gesamten Körper ausgehenden Signale zuverlässig zu deuten. Aufgrund dieser Kenntnisse werden Sie tragfähigere Beziehungen zu anderen knüpfen, besser verstehen, wie andere Sie sehen, und schließlich die verschiedensten nonverbalen Signale ganz bewusst und gezielt zum Einsatz bringen.

Vor allem aber: Es macht Spaß, Körpersprache zu sprechen! Man kann sie überall üben – am Bahnhof, am Flughafen, während eines Meetings, beim Abendbrot, auf einer Party. Sie werden fasziniert davon sein, was man anhand der Körpersprache alles über andere erfahren kann und wie stark die Wirkung eigener Signale ist. Werden diese Erkenntnisse im Arbeitsleben richtig angewendet, erweist sich der nonverbale Vorsprung bald als Schlüssel zum beruflichen Erfolg.

1 Eine Sprache ohne Worte

Bei der Körpersprache ist es wie bei einem Computer: Beide benutzt man, ohne sie wirklich zu verstehen. Das Empfangen und Senden nonverbaler Signale geschieht nämlich im Wesentlichen unbewusst. Es passiert einfach. Wir Menschen sind genetisch darauf programmiert, auf die Gesichtsausdrücke und Verhaltensweisen unserer Mitmenschen sehr genau zu achten, und verstehen sie auch, ohne groß darüber nachzudenken. Wir sehen eine Geste und urteilen automatisch über die dahinterstehenden Beweggründe.

Und das geht schon sehr lange so. Als Gattung ist uns die Fähigkeit, Freundschaften zu schließen und auf andere Einfluss zu nehmen (oder im Umkehrschluss Menschen, die wir nicht zu Freunden machen können, zu meiden, zu besänftigen oder aber zum Kampf herauszufordern) in die genetische Wiege gelegt worden. Unsere Vorfahren haben überlebt, weil sie in der Lage waren, aufgrund kleinster visueller Informationsschnipsel blitzschnell Entscheidungen zu treffen. In unserer Vorgeschichte konnte es überlebenswichtig sein, sofort beurteilen zu können, ob ein Gegenüber freundlich oder feindlich gesonnen war.

Die Informationen, die wir durch die Beobachtung anderer gewinnen können, sind unendlich vielfältig. Aber die Auswertung dieser Signale verlangt zunächst einmal eine Unterbrechung automatischer Vorgänge und eine eingehende Analyse der gesammelten Eindrücke. Denn die wahre Bedeutung der Körpersprache entsteht erst durch ein Verständnis für den Kontext, in den das jeweilige Verhalten eingebettet ist, und durch eine Auswertung dessen, was gleichzeitig gesagt wird. Ausgefiltert werden müssen dabei auch die kulturellen Besonderheiten. Dieses Kapitel erklärt, wie das alles funktioniert.

Erste Eindrücke filtern: Die fünf Faktoren

Die von anderen ausgehenden nonverbalen Signale erlauben uns, einen ersten Eindruck herauszubilden. Diese Fähigkeit gehört zu den grundlegenden menschlichen Instinkten im Überlebenskampf. Obgleich sie uns angeboren ist, liefert sie uns nicht zwangsläufig korrekte Eindrücke. Zwar ist unser Gehirn so geschaffen, dass es auf bestimmte nonverbale Signale unmittelbare Reaktionen erlaubt. Tatsache aber ist, dass diese »Schaltungen« in einer viel früheren Zeit der Menschheitsgeschichte entstanden sind, als die Gefahren und Herausforderungen in der Gesellschaft ganz anders geartet waren als heute. Heute ist das Leben sehr viel komplexer. Es gibt viele verschiedene soziale Ebenen, die jeweils ganz besondere Einschränkungen und Bedeutungen haben. Dadurch werden die zwischenmenschlichen Beziehungen komplizierter, und zwar ganz besonders am Arbeitsplatz, wo zusätzlich die Kultur und die Struktur der jeweiligen Firma wirksam sind. Auf diese Weise entstehen jeweils einzigartige Rahmenbedingungen für das Verhalten der daran beteiligten Persönlichkeiten.

Die eigene Fähigkeit, nonverbale Signale korrekt zu deuten, lässt sich gezielt verbessern. Dazu müssen Sie diese Signale zunächst mithilfe der berühmten fünf Faktoren »filtern«: Kontext, Verhaltenscluster, Übereinstimmung, Beständigkeit und Kultur.

Kontext

Folgende Situation: Es ist ein eiskalter Abend, es schneit, ein kalter Nordwind weht. Da erblickt man eine Frau – eine Kollegin –, die auf einer Bank an der Bushaltestelle sitzt. Sie hält den Kopf gesenkt, die Augen sind geschlossen, sie ist nach vorn gebeugt, zittert leicht und hat die Arme um den eigenen Oberkörper geschlungen.

Neue Szene: Dieselbe Frau in derselben Körperposition, diesmal aber nicht an der Bushaltestelle, sondern an ihrem eigenen Schreibtisch im Büro nebenan. Die Körpersprache ist identisch: Sie hält Kopf und Oberkörper gebeugt, die Augen geschlossen, die Arme um sich selbst geschlungen. Die nonverbalen Signale gleichen sich, aber die Umgebung bestimmt, wie man sie interpretiert. Die Frau sagt nicht mehr: »Mir ist kalt!«, sie sagt: »Mir geht es nicht gut!«

Die Bedeutung der nonverbalen Signale ändert sich also je nach Kontext. (Wie sagen die Immobilienmakler? »Location, location, location!«) Tatsache ist, wir können das Verhalten eines Mitmenschen nicht ohne Berücksichtigung der Begleitumstände verstehen. In unserem Beispiel hängt die von der Frau an ihre Umwelt gesendete Nachricht stark davon ab, ob sie draußen in der Kälte oder allein in ihrem Büro sitzt. Manche Situationen erfordern darüber hinaus viel formellere Verhaltensweisen, die je nach den konkreten Umständen ganz unterschiedlich interpretiert werden können.

Wenn Menschen miteinander interagieren, bestimmt die Beziehung größtenteils über den Kontext. Ein und derselbe Mensch zeigt ein ganz anderes Körperverhalten, je nachdem, ob er sich mit einem Kunden, einer Vorgesetzten oder einem Mitarbeiter unterhält. Auch die Tageszeit, die Geschichte der Beziehung und die Frage, ob das Gespräch öffentlich oder privat geführt wird, sind Variablen, die den Kontext beeinflussen und bei der Deutung der Situation auf jeden Fall berücksichtigt werden müssen. Vor allem gilt es zu beurteilen, ob die nonverbalen Verhaltensweisen zum jeweiligen Kontext passen.

Zum Beispiel: Dave und Diane waren seit Jahren sowohl Kollegen als auch gute Freunde. Wenn sie miteinander redeten, kamen sie sich auch bei Gesprächen im Büro recht nahe, schauten sich in die Augen, berührten sich zuweilen am Arm und lächelten sich freundlich an. Das fiel nicht weiter auf, bis Diane die Nachricht verbreitete, sie habe sich mit einem anderen Kollegen verlobt. Jetzt wurden ihre Gespräche mit Dave gelegentlich schon einmal mit den Worten kommentiert: »Vorsicht, Dave, sie ist vergeben!«

Der Beziehungskontext hatte sich verändert: Nonverbales Verhalten, das bis dato als vollkommen unauffällig und normal betrachtet worden war, wurde jetzt für »unziemlich« gehalten, weil Diane ja nicht mehr Single war.

Zum Ausprobieren:
Wählen Sie eine beliebige nonverbale Verhaltensweise (sagen wir, eine Kollegin oder einen Kollegen am Arm zu berühren) und listen Sie alle Bedingungen auf, unter denen dieses Verhalten in der Firma als akzeptabel durchgehen würde. Schreiben Sie dann auf, wie die Situation sich verändern müsste, um dasselbe Verhalten unerwünscht aussehen zu lassen. Wie müsste sich die Umgebung verändern (zum Beispiel bei geschlossener Bürotür, im Besprechungsraum, im Beisein anderer Kolleginnen und Kollegen, vor versammelter Belegschaft beim Entgegennehmen einer Auszeichnung, im Flur beim Plaudern und so weiter), damit auch die Deutung sich ändert? Welche Rolle spielen darüber hinaus der soziale Status der Beteiligten und die Art ihrer Beziehung?

Verhaltenscluster

Nonverbale Signale sind in der Regel Teil eines Gesamtverhaltens, manchmal Verhaltenscluster genannt, das zum Beispiel aus einer ganzen Reihe von Bewegungen, Körperhaltungen oder Handlungen bestehen kann, die jeweils für sich einen durchaus sehr unterschiedlichen Sinngehalt haben können – oder auch gar nichts bedeuten (nicht alles muss immer eine Bedeutung haben). Erst wenn man eines dieser einzelnen Signale im Zusammenhang mit den anderen Verhaltensweisen betrachtet, erschließt sich eine Bedeutung. Jemand kann die Arme aus ganz unterschiedlichen Gründen verschränken; schaut er dabei aber eher düster drein, schüttelt leicht den Kopf und wendet den Körper leicht ab, entsteht ein aus vielen kleinen Eindrücken zusammengesetztes Bild, das nahelegt, dass er an einem eben gemachten Vorschlag keinen Gefallen findet.

Man sollte also immer auf der Suche nach dem übergeordneten Verhaltenscluster sein. Das Ganze verrät mehr, als eine einzelne Geste für sich preiszugeben vermag.

Ein besonders gewiefter Manager aus meinem Bekanntenkreis eröffnet jedes Meeting damit, dass er die Jacke auszieht und sich an der Mitte des Tisches (nicht am Kopfende) niederlässt. Für sich genommen signalisieren diese Verhaltensweisen schon eine gewisse Lockerheit, erst die begleitenden Signale aber können diesen Eindruck bestätigen und verstärken: Spricht jemand aus der Runde, lehnt er sich interessiert nach vorn, nickt bestätigend und schaut ihm grundsätzlich in die Augen. Zusammengenommen bereitet dieses Verhaltenscluster den Boden für eine offene Gesprächskultur.

Zum Ausprobieren:
Zählen Sie immer bis drei, das heißt, deuten Sie eine Geste erst dann, wenn Ihre Einschätzung durch zwei weitere Signale bestätigt wird.

Übereinstimmung

In einer mittlerweile als klassisch geltenden Studie von Albert Mehrabian von der University of California at Los Angeles (UCLA) stellte sich heraus, dass die Gesamtwirkung einer Botschaft zu sieben Prozent auf der Wortwahl, zu 38 Prozent auf dem Tonfall und zu 55 Prozent auf dem Gesichtsausdruck, den Handbewegungen, der Körperhaltung und anderen nonverbalen Signalen fußt.

Natürlich ist es nicht möglich, dass man jemanden in einer fremden Sprache reden sieht und 93 Prozent all dessen versteht, was er sagen will. Darauf wollte Mehrabian aber auch gar nicht hinaus. Er analysierte im Wesentlichen die Kommunikation von Gefühlen, und dabei vor allem Gefallen und Nichtgefallen. Trotzdem: Gerade wenn verbale und nonverbale Signale nicht synchron sind, neigen wir dazu – und das gilt besonders für Frauen –, uns auf die nonverbalen Botschaften zu verlassen.

Wenn Gedanken und Worte zusammenpassen (wenn wir also glauben, was wir sagen), spiegelt sich dies auch in der Körpersprache wider: Mimik und Gestik stimmen mit dem Gesagten überein. Allerdings erlebt man manchmal auch eine deutliche Dissonanz: Gesten und Worte widersprechen sich. Das trifft zum Beispiel auf jemanden zu, der den Kopf schüttelt und gleichzeitig Ja sagt oder die Stirn runzelt und erzählt, wie gut es ihm geht. Diese sogenannte *Inkongruenz* deutet nicht so sehr auf eine absichtliche Täuschung als auf einen inneren Konflikt hin, und zwar zwischen dem, was die Person denkt, und dem, was sie sagt.

Einmal coachte ich eine Managerin namens Sheila, die nach außen hin sehr ruhig und besonnen wirkte, während sie mir all die Gründe aufzählte, warum sie mehr Verantwortung an ihre Mitarbeiterinnen und Mitarbeiter delegieren sollte. Dabei zitterte sie kaum merklich jedes Mal, wenn sie diese Meinung vertrat. Ihre Worte sagten: »Ich muss meinen Leuten mehr zutrauen«, während ihr Körper verriet: »Ich will das eigentlich nicht!«

Zum Ausprobieren:
Eine Übung, die sich am besten außerhalb der Arbeit durchführen lässt: Stellt jemand Ihnen eine Frage, die Sie mit einem einfachen »Ja« oder »Nein« beantworten könnten (beispielsweise: »Möchten Sie Pommes dazu?«), sagen Sie »Ja und schütteln Sie dabei den Kopf. Achten Sie darauf, wie andere auf diese Diskrepanz in Ihrem Verhalten reagieren.

Beständigkeit

Um die Reaktionen einer Person in entspannten und stressreichen Situationen miteinander vergleichen zu können, braucht man eine Basis, eine Art Verhaltensgrundlinie, die als »normal« gelten kann und mit der sich Abweichungen vergleichen lassen (»Baseline«). Wie schaut die Person, wenn sie ganz entspannt sitzt oder steht? Wie reagiert sie, wenn es um ein ganz unverfängliches Thema geht? Mit diesem Hintergrundwissen werden Ihnen auch kleinere Schwankungen sofort auffallen.

Eine von erfahrenen Polizistinnen und Polizisten bei Verhören verwendete Methode, unehrliche Aussagen zu erkennen, besteht darin, zunächst einmal eine Reihe unverfänglicher oder neutraler Fragen zu stellen und die Reaktion ihres Gegenübers in dieser Situation, in der es keinen Grund zu lügen gibt, genau zu beobachten. Erst danach sprechen sie dann die diffizileren Themen an und achten aufmerksam auf etwaige Veränderungen bei der Körpersprache.

Zum Ausprobieren:
Die beste Möglichkeit, sich Vergleichsgrundlagen zu schaffen, besteht darin, jemanden über einen längeren Zeitraum zu beobachten. Schaut man Kolleginnen und Kollegen zum Beispiel immer wieder einmal bewusst zu, bekommt man einen ziemlich guten Eindruck davon, wie sie sich verhalten, wenn sie entspannt und gut gelaunt sind. Wie oft und wie lange schauen sie einem in die Augen? Welche Handbewegungen bevorzugen sie? Wie stehen sie da, wenn sie sich ganz normal unterhalten? Hat man sich so eine Grundlage geschaffen, kann man selbst kleine Unstimmigkeiten zwischen sprachlicher Äußerung und nonverbaler Körpersprache viel leichter erkennen.

Handelt es sich um eine fremde Person, ist es natürlich besonders schwer zu beurteilen, ob unser Gegenüber gerade »normal« ist oder nicht. Hier ein Beispiel aus meiner beruflichen Tätigkeit:

Ich wollte dem Chef eines Finanzdienstleistungsbüros meine für den folgenden Tag vorgesehene Präsentation für sein Team kurz vorstellen. Das Gespräch mit ihm gestaltete sich allerdings äußerst schwierig. Wir sprachen etwa eine Stunde miteinander und die ganze Zeit saß er mit fest verschränkten Armen unbeweglich hinter seinem Schreibtisch. Nicht ein einziges Mal lächelte oder nickte er. Als ich mit meinen Ausführungen fertig war, sagte er knapp (ohne mich dabei anzusehen): »Danke«, und verließ den Raum.

Nun bin ich ja Expertin für Körpersprache und dachte, ich hätte seine nonverbalen Signale richtig interpretiert: Die Sache mit der Präsentation könnte ich wohl vergessen. Als ich zum Fahrstuhl ging, kam jedoch seine Assistentin auf mich zu und meinte, ihr Chef wäre von meinen Ausführungen sehr angetan gewesen. Ich konnte es nicht fassen und fragte sie, wie er denn reagieren würde, wenn ihm etwas *nicht* gefalle. »Na ja«, grinste sie, als hätte sie diese Frage schon öfter gehört, »dann wäre er mittendrin aufgestanden und rausgegangen.«

Die nonverbalen Signale dieses Herrn hatte ich negativ ausgelegt, weil mir die Vergleichsgrundlage fehlte und ich nicht wusste, wie er sich normalerweise benahm.

Kultur

Nonverbale Kommunikation wird durch unsere kulturelle Tradition geprägt; in Kapitel 9 werden wir darauf noch etwas ausführlicher zu sprechen kommen. Jetzt geht es erst einmal nur darum, sich klarzumachen, dass unsere Fähigkeit, nonverbale Signale anderer Menschen zu deuten, immer auch davon abhängt, wie hoch der Stress ist, unter dem unser Gegenüber steht. Je größer die emotionale Beteiligung, desto klarer kommen kulturspezifische Merkmale zum Vorschein.

Unsere Körpersprache wird außerdem von all den Subkulturen beeinflusst, die unser Leben prägen. Nehmen wir als Beispiel die Körperhaltung: Balletttänzerinnen lernen, den Brustkorb weit nach vorn zu schieben, die Fersen geschlossen zu halten und die Füße zu spreizen (in etwa die Ballett-Grundposition). Viele Büromenschen dagegen machen die Schultern rund und lassen den Brustkorb einsinken, während sie stundenlang vor dem Computer hocken. Auch Jahre nach ihrer Entlassung neigen wiederum alle, die mal beim Militär waren, dazu, die Schultern zurückzuziehen und die Wirbelsäule stockgerade zu halten.

Es gibt sogar regionale Unterschiede innerhalb eines Landes, zum Beispiel in den USA: Der typische New Yorker hastet schnell durch den Tag, während der Südstaatler eher gemächlich schlendert. Und die eher reservierte und förmliche Wirkung der Bewohner der Neuengland-Staaten bildet einen starken Gegensatz zu der lässigen Haltung des Kaliforniers.

Je mehr man über den Hintergrund einer Person, über ihre Hobbys und Interessen weiß, desto genauer kann man ihre Gestik und Mimik deuten – und alle Abweichungen von der jeweiligen Norm deutlicher erkennen. Manche verändern ihre Körpersprache sogar mit dem Gesprächsthema. So habe ich in meiner therapeutischen Praxis oft genug erlebt, dass Menschen ihre Körperhaltung ändern, wenn sie von ihrer Mutter bzw. ihrem Vater sprechen.

Zum Ausprobieren:
Denken Sie an eine Arbeitskollegin oder einen Arbeitskollegen und listen Sie alles auf, was Sie über deren bzw. dessen Hintergrund wissen, also zum Beispiel über die ethnische Zugehörigkeit, den Geburtsort, die Hobbys, die familiäre Situation und die bevorzugten sportlichen Aktivitäten. Beobachten Sie die Person aufmerksam und achten Sie darauf, ob Sie nonverbale Signale erkennen, die auf einen Teil dieses Hintergrunds zurückgehen.

Denken Sie beim Lesen aller weiteren Kapitel in diesem Buch im Hinterkopf immer an die fünf Faktoren der Körpersprache: Kontext, Verhaltenscluster, Übereinstimmung, Beständigkeit und Kultur. Immer wieder setzen Menschen nonverbale Signale ein, um uns etwas über ihren inneren Zustand zu verraten. Körpersprache richtig zu verstehen, bedeutet jedoch nicht nur, die einzelnen Signale kennenzulernen. Es geht auch darum, die wahre Bedeutung hinter diesen Signalen wahrzunehmen.

2 Ganzkörpersprache verstehen

Kinesik heißt die Wissenschaft, die sich mit den Körperbewegungen und deren Bedeutung befasst. Achten wir bei unseren Mitmenschen besonders auf deren Haltung, Neigung und Atmung und beziehen dabei selbst kleinste Veränderungen mit ein, bekommen wir ein Gefühl von dem sich wandelnden inneren Zustand eines Menschen. In diesem Kapitel wollen wir uns damit beschäftigen, welche ganz eigenen Botschaften der Körper als Ganzes aussendet. Außerdem werden wir erklären, warum das »Spiegeln« – eine Technik, die darauf basiert, Haltung und Gestik des Gegenübers nachzuahmen – in der zwischenmenschlichen Kommunikation eine so große Rolle spielt.

Die emotionale Körpersprache

Früher dachte man, menschliche Emotionen würden sich hauptsächlich im Gesicht widerspiegeln. Neuere Studien, vor allem aus dem Feld der Kognitiven und Affektiven Neurowissenschaften, deuten jedoch darauf hin, dass der gesamte Körper an der emotionalen Kommunikation und Entscheidungsfindung beteiligt ist. Besonders deutlich zeigt sich dies bei allen ängstlichen Signalen. Der Gesichtsausdruck verrät, dass jemand Gefahr wahrnimmt, sagt aber nichts über dessen mögliche Reaktionen auf diese Gefahrenquelle: Wird er kämpfen, flüchten oder erstarren? Erst die emotionale Körpersprache offenbart, was die Person zu tun gedenkt.

Neuere Studien legen nahe, dass unsere Erstreaktion auf die Angstgefühle anderer Menschen etwas Automatisches hat, sehr viel stärker jedenfalls, als bisher vermutet. Das mag auch erklären, warum Angst sich so schnell verbreitet: Es zeigt sich eine unmittelbare, wenn auch unbewusste Reaktion auf die Angstempfindungen anderer Menschen.

Wie sieht es in Ihrer Firma aus? Gibt es gerade große Umbrüche, Entlassungen oder Umstrukturierungen? Droht möglicherweise sogar eine Übernahme? Falls ja, sind Sie sicherlich bereits mit den Angstgefühlen anderer konfrontiert gewesen. Ihre emotionale Reaktion darauf kann zu Entscheidungen und Maßnahmen geführt haben, die Sie im Nachhinein mit rationalen Argumenten zu rechtfertigen versucht haben. Je mehr man sich jedoch dieser mächtigen, offenbar ganz direkten Verbindung bewusst wird, desto klarer die Einsicht – sowohl in das eigene Verhalten als auch in das Verhalten anderer.

Die nonverbale Kommunikation verbindet uns mit anderen

In den letzten Jahren hat sich die Wissenschaft intensiv mit dem Thema nonverbale Kommunikation beschäftigt. Trotzdem kamen manche Erkenntnisse völlig überraschend. Ein Beispiel dafür stammt aus einem Labor in Italien, in dem die Gehirnzellen von Makak-Affen untersucht wurden. Schon lange wusste man, dass die Neuronen eines Affengehirns sehr aktiv sind, wenn der Affe bestimmte Handbewegungen macht. Streckt ein Affe zum Beispiel seine Hand nach einer Erdnuss aus, werden ganz bestimmte Bereiche in beiden Gehirnhälften aktiviert – das konnte durch ein mithilfe hochspezialisierter Technik erzeugtes, äußeres Signal (»Buzzer«) nachgewiesen werden.

Eines Tages beobachtete nun ein bereits für ein solches Experiment verkabelter Affe, wie ein Mensch seine Hand nach einer Erdnuss ausstreckte, und siehe da: dieselben Neuronen wurden aktiv. Der Aktivität seiner Gehirnzellen zufolge *unterschied das Gehirn des Affen also nicht zwischen dem eigenen Greifen und der beobachteten Greifbewegung.* Weil die Reaktion seiner Gehirnzellen widerspiegelt, was er bei anderen gesehen hat, spricht die Neurowissenschaft in diesem Zusammenhang von »Spiegelneuronen«.

In weiteren Experimenten wurde dieses Phänomen auch bei Menschen nachgewiesen. Das Neuronensystem erlaubt unserem Gehirn die Durchführung der kompliziertesten Aufgaben, darunter das Erlernen und Nachahmen. Doch es wartete noch eine weitere Überraschung auf die Wissenschaft: Bei Menschen spiegeln diese Zellen neben beobachteten *Handlungen* auch *Gefühle* wider.

Warum muss man gähnen, wenn man andere gähnen sieht? Warum zuckt man zusammen, wenn man beobachtet, wie jemand anders eine Spritze bekommt? In beiden Fällen sind die Spiegelneuronen am Werk. Erkennt man auf dem Gesicht eines anderen Menschen eine Emotion (oder schließt aus den Gesten oder der Körperhaltung des anderen darauf), versetzt man sich automatisch und unbewusst in seine Lage und spürt »dasselbe«. Manche nennen die fraglichen Nervenzellen auch »Dalai-Lama-Neuronen«: Sie bilden die biologische Grundlage des menschlichen Mitgefühls.

Herzensangelegenheiten

Emotionen zeigen wir zum Beispiel durch Veränderungen des Brustkorbs. Manche dieser Veränderungen sind subtil, andere zeigen sich klar und deutlich, in beiden Fällen jedoch verraten sie viel über unser inneres Gefühl. Unser Herz, unser Gehirn und unser Nervensystem sind so eng miteinander verflochten, dass man oft auf den ersten Blick erkennen kann, ob jemand glücklich ist oder nicht, indem man auf seinen Brustkorb achtet. Ist jemand gerade befördert worden, läuft er mit stolz herausgestreckter Brust durch die Gegend; hat jemand vor Kurzem eine Enttäuschung erlebt, lässt er die Schultern hängen und den Brustkorb einsinken, als hätte er einen Schlag in die Magengrube bekommen. Männer, die sich wohlfühlen, knöpfen ihr Sakko auf (eine unbewusste Geste, die Schranken beseitigt und sie ihr Herz zeigen lässt).

So zeigen wir unsere glücklichen Gefühle

Um emotionale Erlebnisse zu beschreiben, die mit dem Herzen zu tun haben, verwenden wir allerlei Metaphern: »Mir sank das Herz in die Hose«, »Das brach mir das Herz« und so weiter. Es handelt sich dabei aber nicht nur um Redensarten – es sind physiologische Tatsachen. Die enge Verbindung zwischen Herzerkrankungen und Depressionen ist mittlerweile unumstritten.

Es gibt aber auch Positives: »Vor Freude schlug mir das Herz bis zum Hals« beschreibt das gleichzeitige Einschießen von Adrenalin und Endorphinen, mit dem das »sympathische« Nervensystem »auf hundert« gebracht wird. Sind wir freudig erregt und zufrieden, füllt sich unser »Herz« mit guten Gefühlen. Unser Oberkörper richtet sich auf, wir strecken die Brust heraus und atmen tief ein.

Der Atem

Mit jedem Einatmen erhalten wir uns selbst am Leben. Wir können zur Not wochenlang ohne Essen und tagelang ohne Wasser auskommen, aber nur wenige Minuten ohne Sauerstoff überleben. Das weiß wohl jeder. Weniger bekannt ist dagegen die Tatsache, dass wir durch unser Atemverhalten zeigen, wie es uns innerlich geht.

Die Luft anzuhalten ist ein angeborener Instinkt, ein uralter Schutzmechanismus, der uns dazu bringt, uns »tot zu stellen«, um uns einem möglichen Feind nicht auszuliefern. Heute sind die bedrohlichen Raubtiere eher symbolischer Natur, und doch reagieren wir mit Luftanhalten (oder kurzen, flachen Atemzügen) auf alle möglichen Gefahrenquellen. An einen Lügendetektor angeschlossene Menschen halten, wenn sie zum Lügen ansetzen, oft die Luft an – dem Gerät kann das natürlich nicht entgehen.

Flache Atemzüge deuten auch auf fehlendes Selbstbewusstsein hin. Atmet ein Vortragender flach und schnell, während er gleichzeitig Zuspruch erteilt und aufmunternde Worte spricht, wirkt er auf sein Publikum unglaubwürdig. Das eigene Atemverhalten kann sogar auf andere überspringen. Unsere Neigung, die Verhaltensweisen anderer zu spiegeln, gilt auch für die Atemfrequenz. Ohne dass irgendjemand merkt, was da eigentlich vor sich geht, kann ein einziger Flachatmer eine ganze Versammlung in Angst versetzen.

Zum Ausprobieren:
Beobachten Sie im Gespräch einmal ganz genau, wie Ihre Kolleginnen und Kollegen atmen. Achten Sie darauf, ob sie eher flach oder tief atmen und ob es auffällige Muster gibt. Befinden Sie sich in einer Gruppensituation, beobachten Sie vor allem, wie andere vorm Sprechen atmen – und ob die restliche Gruppe dieses Signal aufnimmt oder nicht.

Körperhaltung: geschlossen oder offen?

Einmal hielt ich einen Vortrag vor einer Versammlung von Managern und Managerinnen einer international tätigen Firma über die Bedeutung sozialer Kompetenzen. Alle machten gut mit, stellten Fragen und brachten sich in die Diskussion ein – bis auf eine Frau, die mit gebeugten Schultern dasaß, den Kopf nach vorn geneigt, den

Körper in Richtung Ausgang verdreht. Am Ende sagte sie: »Ich fühle mich einfach nicht wohl unter Menschen, dieser ganze Psychokram ist mir suspekt.« Mir war das längst klar – und nicht nur mir. Ihre Körpersprache hatte ihr Unwohlsein geradezu herausposaunt.

Die besagte Zuhörerin hatte eine *geschlossene* Körperhaltung gezeigt: verschränkte Arme, gekreuzte Beine, weggedrehter Körper. Ein niedriger Status (oder ein geringes Selbstwertgefühl) kann durch einen gesenkten Kopf (eine klassische Demutsgeste) angedeutet werden. Der Körper soll möglichst klein und ungefährlich erscheinen. Der Oberkörper (Schultern und Brustkorb) ist rund, die Hände bleiben unsichtbar – alles schreit nach Verletzlichkeit. (Zur Erinnerung: Das sind keine absolut gültigen Aussagen. Wer seine Hände unter den Beinen versteckt, schämt sich vielleicht nur seiner dreckigen Fingernägel.)

Diese Frau ist offen und für Ihre Ideen aufgeschlossen

Das Gegenteil ist eine *offene* Körperhaltung (siehe Abbildung): Die Person wirkt empfänglich, die Beine sind nicht gekreuzt, die Hände sind sichtbar und die Handflächen zeigen nach oben. Arme und Hände sind ausgebreitet oder liegen ruhig am Körper. Alles deutet auf Offenheit und Zugänglichkeit hin – auf die Bereitschaft, mit anderen zu kommunizieren.

Frauen sind hier oft »durchschaubarer« als Männer. Sind sie mit Menschen zusammen, die sie mögen, ist die Armhaltung offen, auch im Sitzen; sind sie neutral oder gar eher feindlich gestimmt, verschränken sie die Arme vor der Brust.

Hier zwei allgemeingültige Aussagen zur offenen oder geschlossenen Körperhaltung:

• Menschen mit offener Körperhaltung werden positiver aufgenommen als solche, die eine geschlossene Körperhaltung an den Tag legen.

• Menschen mit offener Körperhaltung wirken überzeugender als solche, die eine geschlossene Körperhaltung zeigen.

Zum Ausprobieren:
Vergleichen Sie die Körpersprache Ihrer Kolleginnen und Kollegen. Achten Sie vor allem auf die, die am überzeugendsten und erfolgreichsten sind. Meine Vermutung ist, dass letztere bevorzugt offene Körperhaltungen zeigen, vor allem, wenn sie sich mit anderen austauschen und ihre eigenen Ideen erklären.

Die Körperhaltung kann auch den Gruppenstatus anzeigen. Ich habe Gruppensitzungen erlebt, bei denen alle Anwesenden auf ihren Stühlen zusammensanken, während die leitende Person aufrecht saß. Ich habe auch beobachtet, wie zwei weitgehend gleichgestellte Manager sich begegneten, sich aufrichteten und dabei ihre Oberkörper immer mehr in die Höhe streckten, um dem anderen ebenbürtig zu erscheinen. Natürlich geschieht dies alles unbewusst, ohne dass die Beteiligten über ihr Verhalten nachdenken. Es kommt

aber auch vor, dass sich ein Beteiligter seines Verhaltens durchaus
bewusst ist: Während Menschen gleichen Ranges dazu neigen, einander zu spiegeln, nehmen Personen mit höherem sozialen Status
schon einmal absichtlich eine andere Haltung an, um sich von der
»grauen Masse« abzusetzen.

Kennen Sie Fotos von Prinz Charles bei öffentlichen Termi-
nen? Bei ihm sieht man oft eine für ihn ganz typische Körperhaltung: Kopf hoch, Kinn raus, eine Hand hinter dem Rücken in die
andere (offene) Hand gelegt. Er signalisiert damit höchstes
Selbstvertrauen. Die gesamte Körpervorderseite ist sichtbar und
frei – ein unbewusstes Zeichen der Furchtlosigkeit und der Überlegenheit.

Zugewandt oder nicht?

Eine positive Einstellung gegenüber anderen zeigen wir, indem wir
uns ihnen zuwenden, besonders im Sitzen. Begegnen sich zwei Menschen, sieht man oft, wie sie sich zueinander neigen. In Gruppen-
situationen verlagern Außenstehende ihr Gewicht meist auf ein
Bein, während die »Insider« sich nach vorn neigen und den Kopf
leicht vorschieben. Laut wissenschaftlicher Studien führt die zugewandte Körperhaltung dazu, dass sich der andere offener zeigt und
freier redet.

Ein Sicherheitsagent verriet mir, dass er die zugewandte Körperhaltung bei Verhören ganz bewusst als Methode einsetze. »Habe ich
den Eindruck, dass der Verdächtige kurz vorm Geständnis steht«,
erzählte er mir, »beuge ich mich zu ihm, berühre vielleicht sogar ganz
leicht seinen Arm. Das erzeugt eine Nähe, die es dem Verdächtigen
erlaubt, sein Geständnis im Flüsterton statt in ›Zimmerlautstärke‹
vorzubringen. Ich senke dann auch die Stimme, das wirkt empa-
thischer.«

Sich nach vorn zu beugen erzeugt Verbindlichkeit

Umgekehrt lässt es auf eher negative Gefühle oder Ablehnung schließen, wenn sich jemand zurücklehnt. Auch hier spricht die Evolution unseres Gehirns ein Wörtchen mit. Wir suchen Distanz zu allem, was uns unangenehm, unfreundlich oder gar gefährlich erscheint. Lehnt sich jemand im Sitzen zurück, spricht dies für das Bedürfnis, sich zu distanzieren.

Sich zurückzulehnen signalisiert den Wunsch nach mehr Distanz

Im Rahmen eines Verhaltensclusters gibt es natürlich etliche Kombinationen der genannten Körperhaltungen:

- Wer sich zurücklehnt und dabei eine geschlossene Körperhaltung zeigt, signalisiert eventuell Desinteresse oder Dissonanz.
- Wer sich mit einer offenen Körperhaltung zurücklehnt, deutet womöglich Nachdenklichkeit an.
- Wer sich nach vorn lehnt, dabei aber eine geschlossene Körperhaltung zeigt, wirkt eher unzugänglich.
- Wer sich mit offener Körperhaltung vorbeugt, lässt auf Interesse oder Übereinstimmung schließen.
- Wer sich dagegen zur Seite (und leicht nach hinten) beugt, Arme und Beine asymmetrisch hält und die Hände locker lässt, wirkt entspannt und gelassen. Mir ist aufgefallen, dass manche sich eher zur Seite beugen, wenn sie es mit Menschen zu tun haben, die auf der sozialen Leiter unten ihnen stehen.

Zum Ausprobieren:
Versuchen Sie, sich die Menschen, die ihnen begegnen, als leuchtende Ampeln vorzustellen. Wer eine offene Körperhaltung zeigt, steht auf grün: Das Gespräch kann so weiter gehen. Sind Signale von Zweifel oder Zurückhaltung im Spiel, leuchtet die Ampel gelb und

Sie müssen vorsichtiger vorgehen. Eine trotzig geschlossene Körperhaltung in Kombination mit finsteren Blicken kommt einer roten Ampel gleich und signalisiert: »Stopp«: Ziehen Sie sich entweder ganz zurück oder versuchen Sie es noch einmal mit einer anderen Herangehensweise.

Wenn einer schon alles weiß

Wer sich weit zurücklehnt und die Hände hinter den Kopf verschränkt, strahlt Überlegenheit und arrogantes Selbstbewusstsein aus (ein sehr männlicher Gestus). Meist ist es eher unangenehm, mit Zeitgenossen umzugehen, die meinen, die Weisheit längst gepachtet zu haben. Aber es gibt Gegenmaßnahmen. Zum Beispiel kann man die Haltung spiegeln und damit die gleiche Augenhöhe signalisieren (»Was du kannst, kann ich auch«). Oft reicht dies schon aus, um die Situation zu entschärfen. Hat der andere die Haltung nur eingenommen, um Sie einzuschüchtern, könnte die Spiegelung allerdings als nonverbale Herausforderung interpretiert werden und zu Gereiztheit

Diese Haltung signalisiert Selbstbewusstsein bis hin zur Überheblichkeit

führen. Manchmal gelingt es auch, den anderen zum Einnehmen einer anderen Haltung zu bringen, indem Sie ihm zum Beispiel etwas reichen, ein Papier vielleicht oder ein Prospekt. Um es zu nehmen, muss er die Hände herunternehmen und sich vorbeugen.

Stress und Bewegung

Es gibt zwei grundlegende Arten von nonverbalen Signalen: Die einen signalisieren Gelassenheit, die anderen einen gewissen Grad an Unruhe oder Stress. Außer bei ausgesprochenen Soziopathen, die zum Glück eher selten sind, geht der Versuch, andere zu täuschen, immer mit Stress einher, der sich an geschlossenen und distanzierenden Körperhaltungen ablesen lässt: verschränkte Arme, verborgene Handflächen, abgewandter Oberkörper.

Es reicht nicht, ein Pokerface zu machen. Auch den »Pokerschwanz«
muss man beherrschen

Ist jemand (aus positiven oder negativen Gründen) nervös oder aufgeregt, kommt Bewegung ins Spiel: Die Person kann nicht still sitzen, ihre Hände zittern, Schweiß tritt aus (besonders auf der Oberlippe), das Gewicht wird von einem Bein aufs andere verlagert. Der Prototyp einer solchen Person ist der Fußballtrainer, der am Spielfeldrand hin- und herläuft, während seine Mannschaft um den Sieg ringt. Gleiches gilt für den Pokerspieler, der seine Karten auf den Tisch legt. In beiden Fällen verrät die Bewegung den inneren Zustand.

Trotz und Widerstand

Das kleine Mädchen hat genug von der Einkaufstour ihrer Mutter. Deren Versprechen: »Gleich wenn wir fertig sind, gibt's eine Pizza«, macht offenbar keinen großen Eindruck auf sie. Sie will Pizza essen – und zwar sofort! Also bleibt sie stehen, beide Beine schulterbreit fest auf dem Boden, und stemmt die zu Fäusten geballten Hände in die Hüften.

Wer hat diese Haltung nicht schon oft gesehen? Ob beim trotzigen Kleinkind oder beim wütenden Erwachsenen – die Geste gehört zu den am häufigsten verwendeten Signalen der Aggressivität, des Widerstands und der Unabhängigkeit.

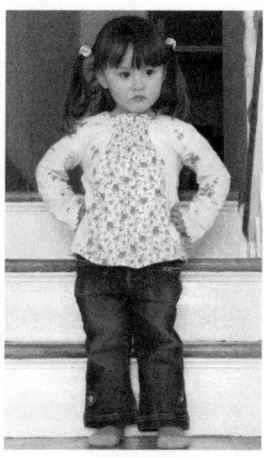

Trotzige Körperhaltung

Wie bei anderen Gesten ist es aber auch hier wichtig, nach Verhaltensclustern zu suchen und die Umstände zu berücksichtigen, die zur Geste geführt haben könnten. Die Hände in die Hüften zu stemmen und dabei mit dem Fuß aufzutippen, muss nicht zwangsläufig Wut bedeuten. Es kann auch Ungeduld oder Frustration wegen einer lästigen Verzögerung dahinterstecken. Hat die Person allerdings die Jacke geöffnet (und damit den Oberkörper entblößt) und sich mit düsterem Blick vor einem Kollegen aufgebaut, kann man davon ausgehen, dass die fraglichen Gefühle weit über eine bloße Verärgerung hinausgewachsen sind.

Im Sitzen aufgepasst

Viele Menschen deuten das Ende eines Gesprächs an, indem sie eine Körperhaltung einnehmen, die das Aufstehen vorbereitet. Sie rücken auf die vordere Stuhlkante, lehnen sich nach vorn und stützen die Hände auf die Armlehnen oder die eigenen Knie. Bemerkt man diese Haltung, während man noch spricht, sollte man schleunigst zum Ende kommen.

Zum Ausprobieren:
Ein Tipp für alle, die im Verkauf tätig sind: In einer Studie wurden Versicherungsangestellte im Gespräch mit möglichen Kunden auf Video aufgenommen. Dabei trat eine sehr interessante Beobachtung zutage: Kratzte sich der Kunde erst am Kinn (was auf eine bevorstehende Entscheidung hinweisen kann) und verschränkte dann die Arme, kam der Deal nicht zustande. Folgte dem Kinnkratzen jedoch eine offene Sitzposition, ging der Kunde in der Regel auf das Angebot ein.

Körperausrichtung

Wie jemand im Hinblick auf sein Gegenüber Beine und Schultern ausrichtet, verrät viel darüber, wie sympathisch ihm dies Gegenüber ist und welche soziale Position es innehat. Je stärker eine andere Person Ihnen ihren Körper zuwendet, desto größer ist die Chance, dass sie Sie sympathisch findet. Wendet sie sich dagegen von Ihnen ab, ist ihr Interesse eher nicht so groß. Sich abzuwenden heißt eigentlich immer: »Ich suche Distanz« oder »Ich langweile mich«, und zwar unabhängig von allen verbalen Äußerungen, die möglicherweise genau das Gegenteil behaupten.

Eine typisch männerfreundliche Position: einander schräg,
aber nicht direkt gegenüberstehen

Sich allzu direkt zuzuwenden, kann jedoch auch negative Folgen
haben. Baut man sich – quasi Nasenspitze an Nasenspitze – direkt
vor jemandem auf, geht man leicht zu sehr auf Konfrontation, weil
dies fatal an den Moment vor einem Kampf erinnern könnte. Stellen Sie sich vor, der besagte Trainer, der normalerweise an der Sei-
tenlinie hin- und herläuft, geht frontal auf den Schiedsrichter zu
und macht erst kurz vor ihm halt – die Zeichen würden auf Angriff
stehen. Ein schräger Winkel wird von Männern oft unbewusst als
angenehmer, offener und freundlicher empfunden. Frauen dagegen macht es deutlich weniger aus, anderen direkt gegenüberzu-
stehen.

Frauen stehen einander gern direkt gegenüber

Spiegeln

Als ich einmal in die Küche kam, unterhielt sich mein Mann gerade mit seinem Vater. Diesen Anblick werde ich nie vergessen: Die beiden saßen sich am Küchentisch tatsächlich wie vor einem Spiegel gegenüber. Beide hatten sich zurückgelehnt, die Hände hinter dem Kopf verschränkt, die Ellenbogen nach außen gestreckt, die Beine gekreuzt. Sie waren ganz in ihr Gespräch vertieft und merkten gar nicht, welche Körperhaltung sie jeweils eingenommen hatten. Ich brauchte gar nicht erst auf ihre Worte zu achten: Ich wusste sofort, dass Vater und Sohn sich – zumindest in diesem Moment – völlig einig waren.

Dieses Phänomen nennt man *limbische Synchronie*. Es wird vom limbischen System des Gehirns ganz direkt gesteuert, sodass sich ihm niemand entziehen kann. Selbst ungeborene Kinder im Mutterleib passen ihre Herzfrequenz und Körperfunktionen denen der Mutter an. Bei uns Erwachsenen tritt es vor allem dann in Funktion, wenn wir uns mit jemandem unterhalten, den wir mögen oder der uns interessiert. Unbewusst richten wir unseren Körper an dem unseres Gegenübers aus: Wir spiegeln dessen nonverbales Verhalten und signalisieren damit unsere Aufmerksamkeit und Verbundenheit.

Spiegelt ein Kollege oder eine Kollegin Ihre Körperhaltung, können Sie davon ausgehen, dass Ihnen Sympathie oder Zustimmung entgegengebracht wird. Sie mögen sich oder sind beide einer Meinung. Besitzen Sie beide den gleichen sozialen Status, verrät die gleiche Körperhaltung womöglich auch die Absicht, die eigene Autorität zu behaupten.

Absichtlich eingesetzt, kann das Spiegeln eine wichtige Komponente in der beruflichen Kommunikation sein. Ob Sie ein Team führen, ein Seminar leiten oder eine Therapiestunde geben – die Methode sorgt für Zusammenhalt und schafft eine gute Atmosphäre, die sich vor allem auch dann als vorteilhaft erweist, wenn Widerstände zu erwarten sind. Das bewusste Spiegeln setzt immer voraus, dass man zunächst beobachtet, was der andere oder die andere tut, und erst dann dieselbe Position einnimmt. Verschränkt Ihr Gegenüber die Arme, tun Sie es ihm nach (natürlich langsam und möglichst unauffällig). Lehnt sich die andere Person zurück, nehmen auch Sie eine nach hinten gelehnte Haltung ein. Selbst den Gesichtsausdruck und die Atemfrequenz der anderen Person können Sie behutsam nachahmen.

Die Wirkung des Spiegelns ist wissenschaftlich nachgewiesen. In einer Studie wurden zwei verschiedene Lehrer im Unterricht beobachtet. Der eine spiegelte die Gestik seiner Schüler und Schülerinnen, der andere nicht. Auf den Lehrer, der sich ihnen in seiner Körpersprache angepasst hatte, reagierten die Schüler und Schülerinnen sehr viel positiver als auf seinen Kollegen. Sie glaubten sogar, dass dieser Lehrer im Leben erfolgreicher und insgesamt freundlicher und interessanter sei.

Auch wenn sich jemand eher verschlossen und abweisend zeigt, können Sie die Situation durch bewusstes Spiegeln spürbar verbessern. Das funktioniert bei Klienten und Kunden ebenso wie bei Schülern oder Kollegen. Sie signalisieren damit, dass Sie der anderen Person gegenüber aufgeschlossen und positiv eingestellt sind. Ehe Sie diese Methode bei Ihrem Chef anwenden, empfehle ich Ihnen allerdings einen Probelauf in etwas unverfänglicheren Situationen.

Zum Ausprobieren:
Wenn Sie das nächste Mal in einem Wartezimmer oder am Gate eines Flughafens sitzen, versuchen Sie, die Person direkt neben sich unauffällig zu spiegeln. (Dies geht grundsätzlich auch in Restaurants, wenn die Person an einem anderen Tisch sitzt, nur die Sicht muss auf jeden Fall frei sein.) Ahmen Sie als Erstes die Position der Beine nach, dann die der Arme und der Hände. Nach einer Weile können Sie es auch mit der Atemfrequenz versuchen. Sie werden erstaunt sein, wie schnell die andere Person darauf reagiert, sie anschaut und mit Ihnen ein Gespräch beginnt. (Vorsorgliche Warnung: Verwenden Sie die Technik lieber nicht, wenn Sie schon im Flugzeug sitzen und eigentlich lieber Ihre Ruhe haben wollen!)

Gerade in beruflichen Situationen können Sie vom Wohlwollen Ihres Gegenübers ausgehen, wenn Sie Ihrerseits gespiegelt werden. Verändern Sie die Position Ihrer Arme und schauen Sie, wie Ihr Gegenüber darauf reagiert. Kommt diese Technik in einer Verkaufssituation gut an und führt zu einer Gegenspiegelung, ist dies als Zeichen von Vertrauen und Übereinstimmung zu deuten. Schlägt sie fehl, weiß man, dass man die andere Person noch nicht ausreichend überzeugt hat.

Darüber hinaus gibt es andere Formen von Verhaltenskongruenz. Manchmal ahmen Leute einander nach, ohne es überhaupt wahrzunehmen. Sie halten die Kaffeetassen gleich oder fangen gleichzeitig an zu sprechen. In aller Regel ist dies ein Zeichen dafür, dass es zwischen den beiden gut läuft und sie »auf derselben Wellenlänge« sind. Zufällig kommt das Ganze aber nicht zustande. Im Gegenteil, es ist die Folge des genauen gegenseitigen Beobachtens sowie des Reagierens auf nonverbale Signale, wenn auch alles auf unbewusster Ebene.

Bei Übereinstimmung kommt es ganz natürlich dazu, dass man einander spiegelt

Ein Manager erzählte mir, in Verhandlungssituationen würde er sehr oft die Körperhaltung seines Gegenübers nachahmen. Auf diese Weise bekomme er ein Gefühl dafür, was der andere gerade empfinde. Das entspricht auch meiner Erfahrung: Über unsere körperlichen und emotionalen Reaktionen sind wir so stark miteinander verbunden, dass dabei nicht nur Einvernehmen, sondern auch so etwas wie Empathie entstehen kann.

In seinem Werk »*Entwicklung der Persönlichkeit: Psychotherapie aus der Sicht eines Therapeuten*«, drückt es der berühmte Psychologe Carl Rogers wie folgt aus: »Wirkliche Kommunikation findet dann statt, wenn wir dem anderen mit Verständnis zuhören – wenn wir bemüht sind, Ideen und Einstellungen aus seinem Blickwinkel zu betrachten, so zu fühlen, wie er fühlt, sein Bezugssystem zu verinnerlichen.« Dieses Ziel – der wirklichen Kommunikation, des gegenseitigen Verständnisses und der Empathie – ist der wahre Grund dafür, warum es für den beruflichen Erfolg so wichtig ist, die menschliche Körpersprache zu erlernen.

Für Führungskräfte sind diese Fähigkeiten ein wichtiger Schlüssel zum beruflichen Erfolg. Nur so können sie sichergehen, dass ihre Mitarbeiterinnen und Mitarbeiter auch wirklich verstehen und verinnerlichen, was sie ihnen sagen wollen. Eine große Firma von der »Fortune 25«-Liste berief extra Town Hall Meetings ein, um den Mitarbeiterinnen und Mitarbeitern die Gelegenheit zu geben, ihre Chefs einmal ganz hautnah zu erleben. Dabei fiel auf, dass sie immer wieder Fragen zur Firmenpolitik oder zu anstehenden Veränderungen stellten, die ihnen schon mehrfach in internen Publikationen und Dutzenden von Rundmails erklärt worden waren.

Nach einem dieser Treffen wandte sich der Firmenchef an seinen Assistenten und fragte: »Wie oft haben wir ihnen das nun schon erklärt? Warum haben sie es denn immer noch nicht kapiert?« »Sie haben es schon kapiert«, antwortete der Assistent. »Sie wollen's nur direkt von Ihnen hören. Und vor allem wollen sie wissen, wie Sie aussehen, wenn Sie es ihnen sagen.«

3 Aus den Augen kommt der Sinn

Die Augen werden oft als »Spiegel der Seele« bezeichnet. Sie »sprechen« eine deutliche und sehr beredte Sprache, weil sich vieles von dem, was sie verraten, auf innere Vorgänge bezieht.

Und in der Tat: Wir senden und empfangen mehr Botschaften durch die Augen als durch irgendeinen anderen Körperteil. Feindschaft, Wut, Liebe, Freundlichkeit, Offenheit, Witz, Interesse, Zurückhaltung, Argwohn, Verlegenheit, Langeweile – all das können wir mit einem einzigen Blick vermitteln. In diesem Kapitel möchte ich zeigen, warum die Herstellung des richtigen Maßes an Augenkontakt zu den wichtigsten beruflichen Kompetenzen gehört. Sie werden lernen, was die Pupillengröße über Ihr Gegenüber verrät, wie man anhand der Augenbewegungen tatsächlich Gedankengänge »lesen« kann, wie man zwischen »Geschäftsblick« und »Freizeitblick« zu unterscheiden lernt und warum wir die Augen schließen, wenn wir eine schlechte Nachricht bekommen.

Daniel zum Beispiel war für die Stelle, für die er sich beworben hatte, von seiner Ausbildung her bestens geeignet (ja, sogar etwas überqualifiziert). Umso schockierter war er, als er sie letzten Endes nicht bekam. Sofort rief er bei dem Arbeitsvermittler an, der ihn zu dem Vorstellungsgespräch geschickt hatte. »Was die fachliche Seite angeht, waren Sie perfekt, wie ich höre«, erklärte ihm dieser. »Trotzdem sind Sie bei der Personalchefin durchgefallen. Sie meinte, sie hätten ihr offenbar nicht in die Augen schauen können.«

Für die Augen-Blicke, die wir erleben, gibt es eine große Palette treffender Beschreibungen – vom »verschlagenen Blick« bis zur

»blauäugigen Unschuld«. Hinter all diesen Formulierungen steckt die Vermutung, dass wir die wahren Motive und Eigenschaften unserer Mitmenschen an ihren Augen ablesen können. Wir alle haben sie schon oft gehört und selbst verwendet. Hier noch einige andere Beispiele:

- »Er musterte sie mit einem eiskalten Blick.«
- »Sie starrte ihn böse an.«
- »Wenn Blicke töten könnten …«
- »Ich warf mich offenen Auges in die Schlacht.«
- »Er hatte ein Funkeln in den Augen.«
- »Er beäugte uns von oben herab.«
- »Wir sollten auf gleicher Augenhöhe darüber diskutieren.«

Die Macht des Augenkontakts

Der Augenkontakt ist deshalb so wichtig, weil er instinktiv erfolgt und mit uralten Überlebensstrategien verbunden ist. Kinder, die Augenkontakt aufnahmen und halten konnten (und damit die Aufmerksamkeit der Erwachsenen auf sich zogen), hatten die besten Überlebenschancen. Als Erwachsene schenken wir den Signalen, die uns andere mit ihren Augen geben, viel Gewicht. Schaut uns jemand gar nicht in die Augen (und verweigert uns somit wichtige Informationen), werden wir skeptisch.

Irgendwo stand, direkter Augenkontakt sei im Beruf unheimlich wichtig

Augenkontakt kommt am besten zum Tragen, wenn die Beteiligten ihn in der jeweiligen Situation als angemessen empfinden. (Je nach Geschlecht, kulturellem Hintergrund und persönlicher Neigung kann es dabei natürlich Unterschiede geben.) Als besonders förderlich hat sich ein Augenkontakt von vier bis fünf Sekunden erwiesen. Solange uns jemand anschaut, so glauben wir, hat er auch an uns Interesse. Treffen sich unsere Blicke bei mehr als zwei Dritteln aller Gelegenheiten, zu denen wir ihn anschauen, meinen wir sogar, dass er uns besonders interessant oder gar anziehend findet.

Zum Ausprobieren:
Hier eine kurze Übung zur Intensivierung des Augenkontakts: Achten Sie auf die Augenfarbe aller Menschen, die Ihnen im Laufe eines Tages begegnen. Es geht nicht darum, sich die Farben zu merken, sondern darum, sie bewusst wahrzunehmen. Sie glauben nicht, wie sehr allein diese eine Übung die Qualität Ihrer Beziehungen steigern wird!

Die Augen abwenden

Es ist uns allen schon einmal passiert: Bei einem beruflichen Treffen sind wir gerade mitten in einem intensiven Gespräch mit jemandem, da bemerken wir plötzlich, dass sein Blick nicht mehr auf unser Gesicht gerichtet ist, sondern durch den Raum zu wandern beginnt. Warum fühlen wir uns in diesem Moment so abgekoppelt, so ausgegrenzt? Warum fragen wir uns, ob die andere Person uns überhaupt noch zuhört? Eigentlich ist das nicht wirklich logisch. Sie muss uns doch nicht in die Augen schauen, um zu hören, was wir sagen. Menschen hören schließlich nicht mit den Augen – oder?

Achten Sie einmal darauf: Im Laufe eines Gesprächs gibt es immer wieder Momente, in denen der Augenkontakt hergestellt wird. Wer spricht, will wissen, ob die andere Person alles gehört und verstanden hat, und interessiert sich natürlich auch dafür, wie sie auf das

Gesagte reagiert. Wer zuhört, schaut hin, um Interesse zu bekunden. Das gegenseitige Anschauen schaltet gewissermaßen die Beziehung synchron. Oft blicken wir am Ende einer Äußerung auf und signalisieren damit: »Gleich höre ich auf zu reden.« Oder man blickt zur anderen Person, wenn man versucht, sie zu unterbrechen, wenn gelacht wird oder wenn man kurze Fragen beantwortet.

Sie hört nicht mehr zu

Bei intensiveren, persönlicheren Gesprächen schaut man sich in der Regel länger und tiefer in die Augen. Sieht dabei einer der Gesprächspartner weg und demonstriert damit Interesse an anderen Personen oder Gegenständen, ist dies ein sicheres Zeichen, dass das Gespräch dem Ende zugeht. Schaut er dann auch noch auf die Uhr oder lässt den Blick durch die Umgebung schweifen, signalisiert er mit seinen Augen: »Ich höre nicht mehr richtig zu.«

Zu wenig Augenkontakt

Zu wenig Augenkontakt wird als Zeichen der Unhöflichkeit, mangelnder Aufrichtigkeit oder gar Unehrlichkeit empfunden. In einer

Studie wurden Patientinnen und Patienten nach ihrer Zufriedenheit mit der ärztlichen Behandlung gefragt. Wie sich herausstellte, hingen 90 Prozent aller unzufriedenen Äußerungen mit einem mangelnden Blickkontakt mit den Ärztinnen und Ärzten zusammen. Dieser Mangel wurde als Zeichen der »Lieblosigkeit« und des »persönlichen Desinteresses« interpretiert.

Wer lügt, neigt dazu, den direkten Augenkontakt zu vermeiden, es sei denn, er ist extrem abgebrüht oder ein guter Schauspieler. In dem Fall übertreiben es allerdings viele Lügner, indem sie überkompensieren (sie wollen ja partout beweisen, dass sie *nicht* lügen) und extrem viel Augenkontakt suchen. Abgesehen von dieser Ausnahme vermeiden wir lieber den Blickkontakt, wenn wir die Unwahrheit sagen. Gleichzeitig gilt aber auch der Umkehrschluss: Wer die Wahrheit sagt oder eine falsche Beschuldigung zurückweist, sucht mit seinen Augen lang und intensiv den Blickkontakt zu seinem Gegenüber. Wenn uns jemand anlügt oder etwas verschweigt, werden sich unsere Blicke bei weniger als einem Drittel aller Gelegenheiten, zu denen wir ihn anschauen, tatsächlich treffen.

Es gibt aber auch das Phänomen, dass jemand wegschaut, wenn er etwas Persönliches oder gar Peinliches erzählt. Gleiches gilt, wenn er vielleicht nicht ganz so viel Gewicht wie sonst auf die Reaktion der anderen Person legt, diese Person schlicht nicht mag, sich unsicher fühlt (wie Daniel in dem Bewerbungsgespräch), sich schämt oder insgesamt eher schüchtern, verlegen, deprimiert oder traurig ist.

Im Restaurant schaut die Bedienung manchmal absichtlich nicht zu uns, womit sie uns sagen will: »Im Moment habe ich keine Zeit.« Mitarbeiter schauen der Chefin nicht in die Augen, wenn sie gerade eine schwierige Frage gestellt hat. (Typische Reaktion: Papiere durchblättern, als würde man dort eine Antwort finden.) Fußgänger und Autofahrer, die sich bei der Vorfahrt gegenüber anderen Verkehrsteilnehmern durchsetzen wollen, setzen manchmal darauf, den anderen bloß nicht in die Augen zu schauen, um den Gedanken an freundliche Kooperation gar nicht erst aufkommen zu lassen.

Zu viel des Guten: Anstarren

Jemanden lange und direkt anzustarren ist ein Beispiel dafür, dass Augenkontakt die gegenseitige Zuneigung nicht unbedingt fördern muss. Von den meisten wird es als ausgesprochen unhöflich oder gar bedrohlich empfunden. Es vermittelt den Eindruck von Dominanz, Überheblichkeit oder Respektlosigkeit, manchmal auch den Wunsch, jemanden beleidigen oder ihm bewusst »zu nahe treten« zu wollen. Auch wenn jemand anzweifelt, was wir sagen, kann es dazu kommen, dass er uns über längere Zeit ins Visier nimmt. Der Blick wird dann nicht mehr als freundlich, sondern als »hart« empfunden. Die Pupillen sind in solchen Fällen zusammengezogen.

Unsteter Blick

Unruhige Augenbewegungen werden seit jeher als Zeichen der Täuschung gedeutet. Ehe man allerdings auf dieses Klischee setzt, sollte man für mögliche andere Motive offen sein. Unruhige Augen deuten generell auf innere Erregung hin, die nicht unbedingt mit einer Lüge zusammenhängen muss. Auch wer sich in der Defensive fühlt oder schlicht unsicher ist, neigt dazu, unruhig hin und her zu blicken, als wäre er insgeheim auf der Suche nach einem sicheren Fluchtweg.

Darüber hinaus können sich Nervosität und Angst in unsteten Augenbewegungen niederschlagen. Es gibt viele Gründe dafür, nervös zu sein, nicht immer muss etwas Böses dahinter stehen. Um ein solches Verhalten zu verstehen, muss also erst die zugrunde liegende Emotion ergründet werden.

Große Augen

Geweitete Augen signalisieren Zustimmung und angenehme Überraschung. Macht jemand aus einem freudigen Grunde große Augen, heben sich gleichzeitig auch die Augenbrauen und der Mund ist

leicht geöffnet. Eine ganz undramatische Version dieses Gesichtsausdrucks findet man, wenn jemand über ein ihm angenehmes Thema
spricht.

Sind wir jedoch ängstlich oder wütend, öffnen wir die Augen
unwillkürlich dramatisch weit. (Umgangssprachlich sagt man: »Wie
eine Gans, wenn's blitzt«). Diese Reaktion ist Teil unserer natürli-
chen Kampf- oder Fluchtreaktion. Bei wütenden Menschen können
weit aufgerissene Augen uns warnen, dass ein verbaler oder tätlicher
Angriff droht.

Große Pupillen

Studien mit Pokerspielern haben gezeigt, dass sie weniger oft gewan-
nen, wenn ihre Mitspieler Sonnenbrillen trugen. Was meinen Sie,
was dahinter steckt? Welche wichtigen Informationen können Sonnenbrillen wirksam verbergen? Die Studien legen nahe, dass gute
Pokerspieler – durchaus auch unbewusst – auf die Pupillengröße
ihrer Mitspieler achten. Tragen sie Sonnenbrillen, ist diese Informa-
tionsquelle blockiert.

Viele eher sachliche Faktoren können die Pupillengröße eines
Menschen beeinflussen, darunter zum Beispiel die Beleuchtung, die
Einnahme von Drogen oder Medikamenten oder auch körperliche
Anstrengung. Am interessantesten sind jedoch Veränderungen, die
einen emotionalen Hintergrund haben. Eckhard Hess, ehemaliger
Leiter des Fachbereichs Psychologie an der University of Chicago,
zeigte in seinen Studien, dass Pupillen sich unwillkürlich weiten,
wenn man etwas Angenehmes, Aufregendes oder Erregendes sieht.
Finden wir das, was wir sehen, besonders interessant oder emotional
anziehend, wollen wir im wahrsten Sinne mehr davon sehen und
weiten unsere Pupillen. Einem Pokerspieler, der bemerkt, dass bei
einem seiner Mitspieler die Pupillen plötzlich größer werden (vier
Asse!), rät sein »Bauchgefühl«, sich in dieser Runde lieber zurück-
zuhalten.

Doch nicht nur Pokerspieler achten auf die Größe der Pupillen. Wenn Liebende sich tief in die Augen schauen, suchen auch sie unbewusst nach einer Erweiterung der Pupillen als Zeichen der gegenseitigen Anziehung. Und wer erfolgreich im Verkauf tätig ist, kennt sich häufig ebenfalls gut in der »Pupillensprache« aus: Große Pupillen bei Kundinnen und Kunden signalisieren Kaufinteresse, kleine Pupillen zeugen eher von Widerwillen oder Ablehnung.

Welches Gesicht finden Sie ansprechender?

Wir sind genetisch darauf programmiert, uns von der Pupillengröße anderer beeinflussen zu lassen. Das ist nachvollziehbar, war doch das Überleben der ersten Menschen davon abhängig, einigermaßen zuverlässig voraussagen zu können, wem man trauen konnte (gegenseitiges Interesse aneinander) und wem man besser aus dem Weg ging (Feindseligkeit). Diese genetische Programmierung begleitet uns Menschen bis heute. Anders gesagt: Menschen mit großen Pupillen sind uns automatisch lieber als Menschen mit kleinen Pupillen.

Besonders Frauen, so zeigen Studien, werden als attraktiver wahrgenommen, wenn ihre Pupillen geweitet oder auch nur größer als gewöhnlich sind. Will man bei einer Werbeanzeige, in der Gesichter abgebildet sind, die Wirkung erhöhen, braucht man im Zuge der Bildbearbeitung nur die Pupillengröße zu ändern. Mit dieser Methode konnten Barbara und Alan Pease, das Autorenteam solcher Bücher wie »Männer zappen und Frauen wollen immer reden«, die Verkaufszahlen von Revlon-Lippenstiften, die sich per Katalog bestellen ließen, um 45 Prozent steigern!

Unsere Fähigkeit, die Pupillengröße unserer Mitmenschen zu deuten, ist angeboren und geschieht vollkommen automatisch (auch wenn Pokerspieler sich noch so gern auf ihr »Bauchgefühl« berufen). Da wir die Größe unserer Pupillen nicht willentlich kontrollieren können, ist sie ein guter Indikator für unsere Interessen, Neigungen und emotionalen Stimmungen. Hat man erst einmal gelernt, bewusst darauf zu achten, wird man immer wieder merken, dass die Pupillen uns viel zu sagen haben.

Abgesehen vom Einsatz besonderer Augentropfen (den ich ausdrücklich nicht empfehle!) gibt es nicht viel, was wir tun könnten, um den eigenen Pupillen zu mehr Größe zu verhelfen. Im schummerigen Licht werden sie natürlich größer, das ist klar. Vielleicht findet man einander ja deshalb in spärlich beleuchteten Bars besonders anziehend!

Das innere Auge

Als ich vor Jahren noch als Therapeutin arbeitete, erlernte ich die Technik des neurolinguistischen Programmierens (NLP) und damit auch die Kunst des »Augenlesens« durch das Beobachten der Augenbewegungen. Beim Denken sprechen wir verschiedene Bereiche unseres Gehirns an, je nachdem, welche Informationen wir gerade abrufen wollen. Und tatsächlich liefern unsere Augen deutlich sichtbare Hinweise, wie diese Suche vonstatten geht.

Wenn Rechtshänder an etwas denken, das sie schon mal gesehen haben, also zum Beispiel ihre Wohnung oder ihr Haus beschreiben sollen, lösen sie den Blick von ihrem Gegenüber und schauen nach oben links (das Umgekehrte gilt für die meisten Linkshänder). Müssen Rechtshänder dagegen ein Bild überhaupt erst *erzeugen* (weil sie zum Beispiel an ein »lilafarbenes Pferd« denken sollen), wandern ihre Augen nach oben rechts. Erinnern sie sich an etwas, das sie schon einmal gehört haben (zum Beispiel an die Stimme ihrer Mutter oder an die Klingel ihrer Schule), schauen sie nach links und kippen den Kopf leicht nach hinten – als würden sie tatsächlich auf etwas lauschen. Erinnern sie sich aber an ein Gefühl (an eine Wahrnehmung oder an eine Emotion), schauen sie nach unten und leicht nach rechts. Menschen, die mit sich selbst sprechen, schauen ebenfalls nach unten, aber nach links.

Sich an ein Bild erinnern

Ein Bild erzeugen

Sich an ein Geräusch, Musik oder eine Stimme erinnern

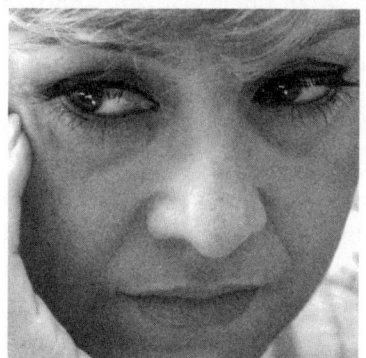

An eine Wahrnehmung oder Emotion denken

Mit sich selbst sprechen

All diese flüchtigen Signale wahrzunehmen, bedarf einiger Übung. Schon durch das bloße Beobachten der Augen können Sie so aber meist erfahren, ob jemand in der Regel eher in Bildern, in Worten oder in Gefühlen denkt und ob er sich wirklich erinnert oder sich etwas nur ausdenkt. Allerdings zeigen nicht *alle* Rechtshänder diese Muster, sodass man sich beim Interpretieren auf individuelle Abweichungen einstellen muss. Wie ich aus meiner therapeutischen Praxis bestätigen kann, lernt man dann nach einer Weile, sich auch sprachlich ganz auf sein Gegenüber einzustellen: »*Schauen* Sie sich das Ganze doch mal aus dieser Perspektive an…«, »*Hört* sich das für Sie gut an?« oder »Sagt Ihnen Ihr *Gefühl*, was richtig ist?« Selbst als Außenstehender können Sie nun zumindest erahnen, ob jemand gerade ein tatsächliches Bild aus der Vergangenheit abruft oder sich ein fiktives Bild ausmalt.

Geschäftsblick und Freizeitblick

Eine attraktive Managerin lag mit den männlichen Mitgliedern ihrer Abteilung überkreuz. »Sie nehmen mich einfach nicht ernst«, beschwerte sie sich. »Sie tun so, als würde ich die ganze Zeit mit ihnen flirten. Dabei mache ich das gar nicht. Im Gegenteil, nichts liegt mir ferner!«

Eine Weile lang beobachtete ich die Interaktionen in ihrem Team, dann war mir klar, wo das Problem lag: Sie setzte ihren Freizeitblick auf, wenn sie über geschäftliche Dinge sprach.

Damit meine ich: Stellen Sie sich zwischen beiden Augen und der mittleren Stirn ein imaginäres Dreieck vor. Das ist der Bereich, auf den man bei beruflichen Begegnungen schaut – der sogenannte Geschäftsblick. Indem man mit seinem Blick in diesem Dreieck verweilt, teilt man seinem Gegenüber mit: »Ich bin nicht aus Spaß, sondern rein beruflich hier.«

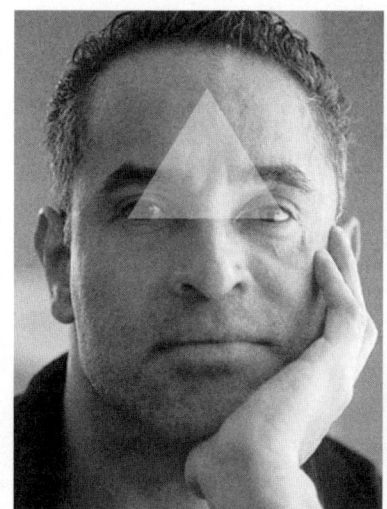 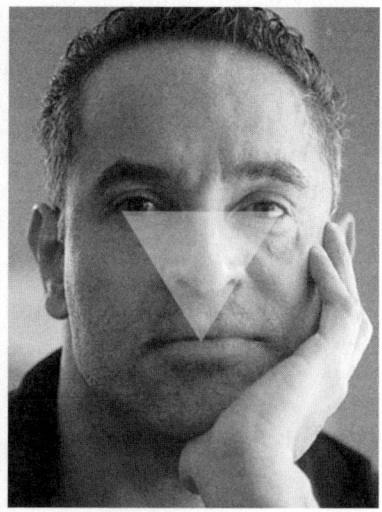

Der Zielbereich für den
Geschäftsblick

Der Zielbereich für den
Freizeitblick

Dreht sich das Dreieck dagegen und die Blicke richten sich jetzt auf den Bereich zwischen Augen und Mund, signalisiert man, dass es sich um eine gesellige Begegnung handelt, was unabhängig von der Umgebung auch leicht als Flirtverhalten interpretiert werden kann.

Interessant ist dabei auch die Tatsache, dass in einer Gruppensituation in der Regel die Person mit der größten Augenhöhe (die im wahrsten Sinne des Worte auf die anderen »von oben herab schauen« kann) als Leiterin oder Leiter der Gruppe empfunden wird. Meist lässt sich genau beobachten, dass hinzukommende Neulinge diese Person grundsätzlich zuerst begrüßen.

Zum Ausprobieren:
Richten Sie in einer beruflichen Situation Ihren Blick stets auf den Zielbereich des Geschäftsblicks. In einer anderen, aber vergleichbaren Situation schauen Sie dann bewusst auf den Zielbereich für den Freizeitblick. Welche Unterschiede in den Reaktionen Ihrer Mitmenschen können Sie dabei beobachten?

Auch wenn man den Unterschied zwischen den beiden Blickfeldern kennt, heißt das noch lange nicht, dass man in beruflichen Zusammenhängen nie auf den Zielbereich für den Freizeitblick schauen soll. Im Gegenteil, manchmal kann das sogar ganz nützlich sein, um besonders wichtige Punkte hervorzuheben. Für Frauen gilt trotzdem die Regel: Wenn Sie in einem beruflichen Umfeld von anderen sachlich behandelt und ernst genommen werden wollen, halten Sie sich am besten an den Geschäftsblick.

Häufiges Blinzeln

Im normalen Gespräch blinzelt man etwa sechs bis acht Mal in der Minute. Die Augen schließen sich dann jeweils für eine Zehntelsekunde. Steht jemand unter Druck, steigt die Blinzelrate. Besonders deutlich wird dies, wenn jemand zu lügen versucht. Polizei- und

Zollbeamte beobachten deshalb meist genau, ob sich das Blinzelverhalten verändert, um Aufschluss über Täuschungsversuche zu gewinnen. Auch Psychotherapeutinnen und -therapeuten kennen das Phänomen, dass jemand häufiger blinzelt, wenn er etwas verbergen will. Natürlich kann ein vermehrtes Blinzeln auch einfach nur darauf zurückgehen, dass ein Licht blendet oder die betroffene Person (aus welchem Grund auch immer) sehr aufgeregt ist. Das kann auch jemandem passieren, der die Wahrheit sagt, sich aber Sorgen macht oder unsicher ist, ob man ihm glauben wird.

Verlängertes Blinzeln

Verlängertes Blinzeln ist eine unbewusste Geste, die andere ausschließen soll. Hält jemand im Gespräch mit Ihnen die Augen länger als eine Sekunde geschlossen, will er Sie damit im wahrsten Sinne des Wortes »ausblenden«. Lehnt er dabei den Kopf leicht nach hinten (sodass er »von oben herab« auf Sie herniederschaut), deutet das außerdem darauf hin, dass er sich mit Ihnen langweilt, am Thema kein Interesse hat oder sich Ihnen überlegen fühlt.

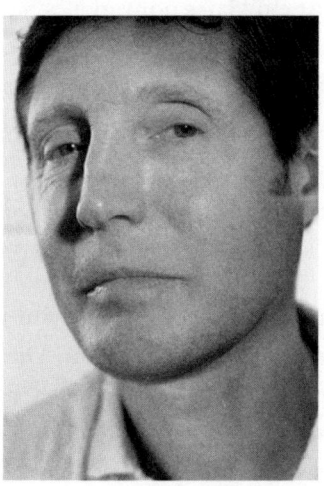

Hier zeigt sich ein selbstgefälliger Ausdruck von Überheblichkeit

Augenrollen

Die klassische Augenbewegung eines Teenagers, der sich die Ermahnungen seiner Eltern anhören muss! Wenn Sie sehen, dass jemand mit den Augen rollt, können Sie davon ausgehen, dass er sehr skeptisch ist oder schlicht nicht glaubt, was Sie sagen.

Der Seitenblick

Der Seitenblick kann entweder Interesse oder Feindseligkeit andeuten – je nach begleitendem Gesichtsausdruck. In Kombination mit hochgezogenen Augenbrauen (oder einem feinen Lächeln) kann er bedeuten, dass Ihr Gegenüber an Ihnen Interesse hat oder gar mit Ihnen flirten will. Mit heruntergezogenen Brauen dagegen (und womöglich sogar noch mit heruntergezogenen Mundwinkeln) werden Argwohn, Feindseligkeit oder Kritik signalisiert.

Der gesenkte Blick

Der gesenkte Blick ist ein klares nonverbales Signal der Demut oder Unterwerfung. Zusammen mit einem gesenkten Kopf (oder gar, wie in Japan üblich, mit einer Verbeugung des gesamten Körpers) ergibt sich eine noch stärkere Geste des Respekts und der Unterordnung.

Gebeugter Kopf, nach oben gerichteter Blick

Hier handelt es sich im Grunde um eine Kombination verschiedener nonverbaler Verhaltensweisen. Der Kopf wird leicht zu einer Seite geneigt, während der Blick nach oben geht. Diese tendenziell unterwürfige Geste findet man hauptsächlich bei Frauen, die damit in gewisser Weise den nach oben gerichteten Blick kleiner Kinder nachahmen. Fast immer wird dadurch sowohl bei Männern als auch bei Frauen der Beschützerinstinkt angesprochen.

Wir kennen diesen Blick besonders von Prinzessin Diana, die häufig in dieser Haltung fotografiert wurde – eine unbewusste Bitte um die Unterstützung und das Mitgefühl der Öffentlichkeit.

Diese Geste brachte Prinzessin Diana den Spitznamen »Shy Di«
(»Schüchterne Diana«) ein

Geschlossene Augen

Eine Vertriebsleiterin hatte schlechte Nachrichten zu überbringen: Es stand eine Fusion mit einer anderen Firma bevor, in deren Zuge man die Vertriebsabteilungen beider Firmen miteinander verschmelzen würde. Ein Großteil des Personals müsse deshalb entlassen werden. Ich sah zu, als die Vertriebsleiterin diese Ankündigung machte. Dabei fiel mir auf, dass einige Zuhörerinnen und Zuhörer angesichts der schlechten Nachrichten für einige Momente die Augen schlossen.

Unsere Augen sind wahre Wunder, besser als jede Kamera. Im Laufe der Jahrtausende haben sie sich zu unseren Hauptwahrnehmungsorganen entwickelt. Über die Augen beziehen wir die meisten

Informationen über die Beschaffenheit unserer Umwelt. Doch sie können sich auch verweigern und einfach »dicht machen«. Die Augen vor etwas zu verschließen kann sogar als wichtiger Überlebensmechanismus angesehen werden. Er schützt das Gehirn vor unangenehmen oder bedrohlichen Bildern. Ob wir nun die Augen ganz schließen, uns die Augen reiben oder sie mit der Hand oder einem Gegenstand abdecken – die Geste kommt in unserem Leben so oft vor, dass wir dazu neigen, ihre Bedeutung zu unterschätzen oder gar zu ignorieren.

Zum Ausprobieren:
Wenn Sie etwas ankündigen wollen und gern wissen würden, was andere ganz intuitiv davon halten, achten Sie auf die Augenbewegungen Ihrer Zuhörerinnen und Zuhörer. Augen wenden sich grundsätzlich zu guten Nachrichten hin und von schlechten ab. Schließt jemand die Augen oder verdeckt sie sogar, ist dies ein sicheres Zeichen dafür, dass er sich von der Nachricht bedroht oder betroffen fühlt.

Feuchte Augen

In einer Firma, die ziemlich schwere Zeiten gut überstanden hatte, sollten im Rahmen einer festlichen Abendveranstaltung Prämien verliehen werden. Der Firmenchef wollte an die schwierigen Prüfungen der Vergangenheit erinnern und seine Dankbarkeit für die Leistungen der Mitarbeiterinnen und Mitarbeiter zum Ausdruck bringen, denn nach seiner Meinung hatten sie die Firma vor dem Ruin gerettet. Die Stimmung war emotional aufgeladen. Während er einzelnen Personen für ihren fast übermenschlichen Einsatz Anerkennung zollte, füllten sich die Augen des Firmenchefs mit Tränen und er musste seine Rede kurz unterbrechen. Er war von seinen Gefühlen überwältigt – alle im Saal konnten dies sehen.

Tränen sind ursprünglich eine körperliche Reaktion auf eine Allergie, auf einen Fremdkörper im Auge, auf bestimmte Ausdünstungen (wie von Ammoniak oder Zwiebeln), auf Verletzungen oder auf Schmerzen. Doch Tränen können viel mehr: Sie sind imstande, vieles zu sagen, was sich nicht in Worte kleiden lässt.

Im Laufe der Evolution haben Tränen die Rolle übernommen, die Bindung zwischen Eltern und Kleinkind zu stärken. Bis heute besitzen sie eine wichtige Triggerfunktion, lösen Mitgefühl, Aufmerksamkeit, Verständnis oder Mitleid aus. Professionelle Schauspieler (und talentierte Amateure) können sie auf Befehl erzeugen. Sind Tränen aber echt (wie bei dem obigen Firmenchef), geben sie ein beredtes Zeugnis davon ab, dass gerade etwas extrem Emotionales vor sich geht.

Bitte sprich mit mir, Michael, ich sehe doch, dass dich etwas bedrückt!

Damit schließen wir die Augen vor diesem Kapitel. Ich hoffe allerdings, dass ich Ihnen in ihm hinreichend die Augen dafür geöffnet habe, was diese uns alles sagen können. Sie sind und bleiben die wichtigsten Instrumente der nonverbalen Körpersprache. Mit diesem Wissen schauen Sie nun hoffentlich mit einem neuen Blick auf all die Menschen, mit denen Sie im beruflichen Umfeld zu tun haben. Sie werden überrascht sein, wie viele Einblicke in das Seelenleben Ihrer Mitmenschen die Augen Ihnen offenbaren können und welche positiven Veränderungen sich ergeben, wenn Sie Ihr neues Wissen bewusst einsetzen.

4 Von Angesicht zu Angesicht

Wissenschaftliche Studien belegen, dass alle Menschen die Fähigkeit besitzen, die Gesichtsausdrücke ihrer Mitmenschen zu deuten. Diese Fähigkeit mag manchmal unterentwickelt sein, ganz verloren geht sie aber nie. Mithilfe unserer Mimik können wir aus erstaunlicher Entfernung und mit verblüffender Geschwindigkeit Botschaften senden. In einem einzigen »Augenblick« registrieren wir, ob das Gesicht unseres Gegenübers Überraschung oder Freude zeigt – selbst aus 50 Meter Entfernung.

In diesem Kapitel sollen Sie die Gelegenheit bekommen, dieses angeborene Talent wieder zu entdecken und für Ihren beruflichen Erfolg zu nutzen. Sie lernen die sechs universellen Gesichtsausdrücke des Menschen kennen und erfahren, wie man ein echtes von einem unechten Lächeln unterscheiden kann. Außerdem werde ich Ihnen erklären, warum sich manche Menschen von den Emotionen anderer leichter anstecken lassen als andere. Sie werden lernen, wie man bestimmte Gesichtsausdrücke und Kopfpositionen »decodieren« kann. Stellen Sie sich schon jetzt einmal vor, wie viel effektiver Sie sowohl im Kollegenkreis als auch mit Ihren Kundinnen und Kunden kommunizieren können, wenn Sie auf den ersten Blick wissen, woran Sie sind!

Mit Gesicht und Kopf verraten wir mehr, als uns manchmal lieb ist. Wer diese Zeichen deuten kann, liegt klar im Vorteil. Eine Sache trifft jedoch auf jeden Fall zu: Man kann die Hinweise richtig erkennen und die dahinter stehenden Motive trotzdem falsch interpretieren.

Bob zum Beispiel arbeitet bei der Staatsanwaltschaft und sitzt bei Gericht oft neben der Staatsanwältin. Die Gesichtsausdrücke der ihm gegenübersitzenden Geschworenen kann er inzwischen recht gut deuten und weiß oft schon im Vorhinein, wer den Ausführungen der Staatsanwältin folgen oder sie ablehnen wird.

Aber auch er kann sich irren.

In einem Mordprozess befragte die Staatsanwältin kürzlich einen Sachverständigen zu einer Reihe äußerst blutiger Fotos des Opfers. Die Geschworenen betrachteten die Bilder sehr genau und folgten aufmerksam den Aussagen des Sachverständigen – bis auf einen Geschworenen, der den Kopf abwandte, als seien die Bilder für ihn bedeutungslos. »Mit dem werden wir noch Probleme kriegen«, sagte Bob voraus. »Er interessiert sich ganz offensichtlich nicht für unsere Beweisführung.« Am Ende wurde der Angeklagte jedoch einstimmig schuldig gesprochen.

Ich wiederhole: Man kann die Signale richtig wahrnehmen und sie trotzdem falsch interpretieren. So erging es auch Bob: Was den Gesichtsausdruck des einen Geschworenen anging, hatte er Recht (ausdrucksloser Blick, abgewandtes Gesicht, Vermeidung von Blickkontakt). Was er jedoch für Desinteresse hielt, entpuppte sich als Unbehagen angesichts der schlimmen Bilder. Als sie sich nach Abschluss des Verfahrens miteinander unterhielten, erfuhr er, dass der Mann einfach nicht hatte hinschauen können.

Bedenken Sie bei Ihren eigenen Deutungen deshalb immer eines: Ein Gesichtsausdruck verrät nicht, *was* die offenkundige Emotion ausgelöst hat, nur *dass* sie existiert. Selbst wenn Sie viel Erfahrung gewonnen haben und beim Empfangen nonverbaler Signale immer besser werden – was an sich schon sehr viel wert ist –, müssen Sie meist noch etwas tiefer bohren, um das wahre Motiv hinter einem Gesichtsausdruck aufzudecken.

Zum Ausprobieren:
Achten Sie einen ganzen Tag lang auf die verschiedenen Gefühle, die Ihre Kolleginnen und Kollegen (oder Kundinnen und Kunden) in verschiedenen Begegnungen mit ihrer Mimik zum Ausdruck bringen,

und schreiben Sie auf, was Sie beobachten können. Jetzt kommt der schwierige Teil: Notieren Sie ausschließlich die gezeigte Emotion, nicht deren Ursache, also zum Beispiel: »Sie sieht traurig aus«, nicht: »Sie ist von der Präsentation enttäuscht.« »Er sieht ängstlich aus«, nicht: »Er befürchtet, er könnte den Auftrag verlieren.« »Der Chef sieht wütend aus«, nicht: »Der Chef ist sauer, weil ich zu spät gekommen bin.«

Es ist nicht einfach, die (vermutete) Begründung eines Gesichtsausdrucks auszublenden, denn wir neigen unwillkürlich dazu, Vermutungen über mögliche Ursachen anzustellen. Ich will damit nicht sagen, dass diese Vermutungen unbedingt falsch sein müssen, nur dass sie falsch sein könnten. Es geht also darum, ganz genau hinzuschauen, gut zu beobachten und mögliche Alternativen abzuwägen.

Universelle Gesichtsausdrücke

Die Debatte über die Ursprünge verschiedener Gesichtsausdrücke ist recht alt. Schon Charles Darwin schrieb 1872 über die Ähnlichkeit des »Ausdrucks der Gemütsbewegungen« bei Säugetieren. Dem gegenüber standen die berühmten Sozialwissenschaftlerinnen und -wissenschaftler der 1960er und 1970er Jahre – allen voran die Anthropologin Margaret Mead. Sie meinten, unsere Mimik sei grundsätzlich erlernt. Wer hat Recht? Ist sie universell angeboren oder erlernt (und damit kulturell bedingt)?

Der Psychologe Paul Ekman, Professor an der University of California in San Francisco (UCSF), fand die Antwort auf diese Frage. Seine Studien zeigten, dass es sechs Gesichtsausdrücke gibt, die universell erkannt und verstanden werden. Es sind dies die Gesichtsausdrücke für Freude, Traurigkeit, Überraschung, Angst, Ekel/Verachtung und Ärger.

So viel also zum kulturellen Hintergrund! Vom abgelegensten Dschungel Papua Neuguineas bis zu den befahrensten Straßen New

Yorks – überall auf der Welt zeigen und erkennen Menschen diese sechs Gesichtsausdrücke und reagieren auf die damit verbundenen Emotionen. Weil die beteiligten Muskeln direkt mit dem Teil des Gehirns verbunden sind, der Gefühle verarbeitet, können nur die wenigsten von uns ihre Mimik bewusst kontrollieren.

Weiter haben Ekman und sein Team festgestellt, dass es nur wenige Sekundenbruchteile andauernde, flüchtige Gesichtsausdrücke (so genannte »Mikroexpressionen«) gibt, die unser wahres Innenleben für sehr kurze Zeit offenbaren. Sie werfen Schlaglichter auf unser »wahres Gesicht« und sind nur äußerst schwer willentlich zu unterdrücken. Tatsache ist, dass wir nicht denken, ehe wir etwas empfinden. Stattdessen spiegelt unser Gesicht schon unser Gefühl wider, bevor uns überhaupt bewusst wird, dass wir eines haben.

Bei der Interpretation der Mimik geht es also nicht nur um statische Gesichtsausdrücke, sondern um die Beobachtung selbst kleinster Veränderungen. Im direkten Gespräch achten wir genauestens auf das Gesicht unseres Gegenübers, um die Reaktion auf das Gesprochene einzuschätzen. Selbst wenn wir nicht alles hören, was gesagt wird, helfen uns die Gesichtsausdrücke dabei, einem Gespräch zu folgen und seinen Inhalt richtig zu deuten.

Jede Emotion hat ihre ganz eigenen, klar identifizierbaren Signale und das Gesicht sagt uns, welche Emotion gerade im Spiel ist. Derzeit laufen an zwei US-amerikanischen Hochschulen – der University of Pittsburgh und der University of California in San Diego – Studien mit dem Zweck, das von Paul Ekman, Wallace v. Friesen und Joseph C. Hager entwickelte »Facial Action Coding System« mit Computerhilfe zu automatisieren. Man hofft, dass in einigen Jahren ein solches System Veränderungen im emotionalen Zustand eines Menschen in jedem Augenblick automatisch wird ablesen können.

Beispiele für universelle Gesichtsausdrücke

Freude: Intensive Glücksgefühle zeigen sich in einem breiten Lächeln, hochgezogenen Wangen, Grübchen und den berühmten »Lachfalten« in den Augenwinkel.

Traurigkeit: Eine gekräuselte Stirn, hochgezogene, innere Augenbrauen und heruntergezogene Mundwinkel zeugen von Unglück und Traurigkeit.

Überraschung: Wenn wir über etwas staunen oder überrascht sind, weil etwas Unerwartetes passiert, heben wir die Augenbrauen, öffnen die Augen und lassen das Kinn heruntersinken, sodass sich die Lippen öffnen. Überraschung ist meist der flüchtigste Gesichtsausdruck im Repertoire und huscht nicht selten innerhalb nur einer Sekunde über das Gesicht.

Angst: Hoch- und in der Mitte zusammengezogene Augenbrauen, weit geöffnete Augen und nach unten gespannte Lippen vermitteln ein Gefühl der inneren Erregung und akuten Furcht vor einer unmittelbaren Bedrohung.

Ekel/Verachtung: Diese beiden Gefühle werden durch eine gekräuselte Nase, heruntergezogene Augenbrauen, eine hochgezogene Oberlippe und fast geschlossene Augen signalisiert. Der Gesichtsausdruck entsteht meist in Reaktion auf einen üblen Geruch oder einen unangenehmen Geschmack. Der gleichen Körpersprache bedienen wir uns aber auch, wenn wir es mit widerlichen Menschen oder abstoßenden Verhaltensweisen zu tun haben.

Ärger: Wut und Aggression zeigen sich am deutlichsten an den Augenbrauen, die in der Mitte zusammengezogen sind, einem starren Blick, verengten und angespannten Augenlidern sowie fest zusammengepressten Lippen.

Zum Ausprobieren:
Schauen Sie sich eine Fernsehsendung oder einen Film ohne Ton an – tägliche Seifenopern sind hierfür ganz besonders geeignet.

Konzentrieren Sie sich auf die Gesichtsausdrücke der Schauspieler. Welche Gefühlslagen vermitteln sie? In welcher Beziehung stehen die Figuren zueinander?

Seifenopern taugen für diese Übung deshalb besonders gut, weil man Tag für Tag ähnliche Szenen zu sehen bekommt und später bei eingeschaltetem Ton überprüfen kann, ob man mit seinen Vermutungen richtig lag.

Vorgetäuschte Gesichtsausdrücke

Um einschätzen zu können, ob ein bestimmter Gesichtsausdruck echt oder bloß vorgetäuscht ist, muss man darauf achten, ob er symmetrisch ist. Unechte oder vorgetäuschte Gefühle erzeugen in der Regel ein »schiefes Gesicht« – der fragliche Ausdruck erscheint auf beiden Gesichtshälften, ist auf der einen Seite aber stärker ausgeprägt als auf der anderen.

Ein weiteres verräterisches Zeichen ist die zu lange Dauer. Nach Ekmans Erkenntnissen sind eher lang (zwischen fünf und zehn Sekunden) andauernde Gesichtsausdrücke meist vorgetäuscht. Der Ausdruck eines echten Gefühls dauert einfach nicht so lang. Bestes Beispiel ist der »Überraschungsmoment«, der über das Gesicht huscht und meist sogar kürzer als eine Sekunde anhält.

Achten Sie auch immer auf das Timing von Gesichtsausdrücken: Erscheint der verärgerte Gesichtsausdruck erst im Anschluss an die Worte des Ärgers, handelt es sich aller Wahrscheinlichkeit nach um eine vorgetäuschte Sache. Echte Emotionen sind vor oder parallel zum gesprochenen Wort zu sehen.

Emotionale Ansteckungsgefahr

Kürzlich fing der Tag für mich so gut an. Die Sonne strahlte vom Himmel, im Radio kamen meine schönsten Lieblingslieder und die

Straßen zum Flughafen waren ungewöhnlich leer. Gerade als ich dann aber in eine Parklücke einbiegen wollte, mogelte sich ein anderer Autofahrer blitzschnell vor mir hinein und grinste mich schadenfroh an. Am Schalter war man unfreundlich zu mir, ich musste umbuchen und als ich endlich am Gate ankam und die schlecht gelaunte Flugbereiterin mich anblaffte, blaffte ich zurück. Meine ursprünglich gute Laune war futsch.

Vor emotionaler Ansteckung ist kein Mensch gefeit. Die Gesichtsausdrücke, die uns im Alltag begegnen, und die ihnen zugrunde liegenden Gefühle – egal, ob positiv oder negativ –, können uns beeinflussen, ja regelrecht anstecken. Es ist normal, dass wir die Gesichtsausdrücke und Stimmungen unserer Mitmenschen spiegeln. Ein strahlendes Lächeln kann deshalb den ganzen Tag retten, ein böser Blick kann uns runterziehen.

In unserer genetischen Veranlagung ist fest verankert, dass wir die Gesichtsausdrücke und Gefühle anderer Menschen imitieren. Das haben wir bereits als ganz kleine Kinder so gemacht. Schon Säuglinge lächeln über das ganze Gesicht zurück, wenn sie angelächelt werden. Mit neun Monaten verhalten sie sich fröhlicher und schauen ihre Mutter länger an, wenn diese selbst auch fröhlich ist. Einjährige Kinder können die von einer Schauspielerin in einem Video gezeigten positiven und negativen Gesichtsausdrücke nachahmen und richten ihre eigene Stimmungslage daran aus.

Das Personal hier ist immer so verdammt spaßig.

Auch Erwachsene sind dafür anfällig. In schwedischen Versuchen wurde nachgewiesen, dass der bloße Anblick eines lächelnden Gesichts ausreicht, um die am Lächeln beteiligten Gesichtsmuskeln kurz zu aktivieren. Es ist sogar so, dass jeder Gefühlsausdruck auf einem Foto, sei es Traurigkeit, Ekel oder Freude, uns automatisch zur Nachahmung anregt – er muss nur ausgeprägt genug sein. Dabei handelt es sich wohlbemerkt nicht um eine rein körperliche Reaktion auf die Fotos: Die nachgeahmten Gesichtsausdrücke rufen auch die dazugehörigen Gefühle wach.

Zum Ausprobieren:
Jeden Tag sendet oder empfängt jeder von uns Hunderte von Gesichtsausdrücken – vom friedlichen Grinsen bis zum wutentbrannten Zähnefletschen. Anders gesagt: Wir sind alle Teil einer emotionalen Kettenreaktion, sowohl in unseren privaten wie in unseren beruflichen Lebensbereichen. Um sich dies klarzumachen, versuchen Sie einmal, einen ganzen Tag lang nur positive Emotionen auszustrahlen, und beobachten Sie, wie andere Menschen mit negativer Grundhaltung Sie dabei aus dem Tritt bringen wollen. Bleiben Sie standhaft! Nehmen Sie zur Kenntnis, was vor sich geht, ohne sich jedoch »umstimmen« zu lassen. Wie lange gelingt es Ihnen, Kurs zu halten?

Gruppengefühle

In einer Studie an der Yale University simulierten Forscherinnen und Forscher eine berufliche Situation: Zwei Gruppen wurde die Aufgabe zugeteilt, für jede Kollegin und jeden Kollegen die Höhe der Bonuszahlungen aus einem festen Fonds festzulegen. Einige Personen sollten größtmögliche Zahlungen erhalten. Andererseits sollte die Verteilung gegenüber allen anderen fair sein.

Das Ergebnis war, dass es in der einen Gruppe nur Streit gab, der zu Stress und Unzufriedenheit führte. In der anderen Gruppe dagegen herrschte allgemeine Zufriedenheit mit der erzielten Lösung. Wo der Unterschied lag? In jeder Gruppe gab es als »Dummy« einen Schauspieler, der eine negative und pessimistische beziehungsweise eine positive und zuversichtliche Stimmung verbreitete. Und siehe da: Die anderen Gruppenmitglieder folgten der jeweiligen Vorgabe, auch wenn sie sich dessen nicht bewusst waren.

In meiner eigenen Beratungstätigkeit habe ich oft beobachtet, wie intensiv die Mimik der Kolleginnen und Kollegen vor allem dann studiert wird, wenn in der Firma Unsicherheit herrscht, weil zum Beispiel eine Umstrukturierung im Gange ist. Wir sind immer auf der Suche nach Signalen wie einem Lächeln oder einem Stirnrunzeln, um zu erkunden, woran wir sind und wie wir am besten reagieren sollen. Mit anderen Worten: Wir sind auf der Suche nach etwas, das wir spiegeln können.

Zum Ausprobieren:
Wenn Ihre Chefin Sie und die gesamte Belegschaft von der Richtigkeit einer Veränderung zu überzeugen versucht und niemand ihr dies abkauft, versuchen Sie, hinter die Gründe zu kommen. Liegt es an ihrer Mimik oder an ihrer gesamten Körpersprache? Stimmen die nonverbalen Signale mit dem gesprochenen Wort nicht überein? Oder gibt es eine einflussreiche Person, deren negativer Gesichtsausdruck und Tonfall die Richtung vorgeben und vom Rest der Gruppe übernommen werden?

Hier spricht das Gesicht: Von der Stirn zum Kinn

Die zerfurchte Stirn: Konzentriert sich jemand besonders stark, um etwas zu verstehen oder Alternativen abzuwägen, oder muss er erst über das Gesagte nachdenken, um zu entscheiden, wie er reagieren soll, sieht man dies zuerst an den Falten auf der Stirn und den zusammengezogenen Augenbrauen.

Die gehobenen Augenbrauen: Das schnelle Anheben der inneren Seiten der Augenbrauen ist ein universelles Zeichen des Erkennens oder des Interesses, und zwar in allen Kulturen, ob in Europa, den USA, in Bali oder in Südafrika. Als solches wurde es auf der ganzen Welt und bei allen gesellschaftlichen Schichten nachgewiesen, vom afrikanischen Buschmann bis zum New Yorker Börsenmakler – mit einer Ausnahme: Die Japanerinnen und Japaner scheinen diese Reaktion bewusst unterdrücken zu können, zumal sie dort als unziemlich gilt.

Zum Ausprobieren:
Schauen Sie einem fremden Menschen kurz in die Augen und heben Sie dabei die Augenbrauen. Die Erfahrung lehrt, dass die meisten Menschen diese Geste mit einem Gruß quittieren oder selbst die Brauen heben.

Andere Brauensignale

Ist man verärgert, verzieht man oft die Brauen nach unten und zur Mitte, ein deutliches Zeichen der Dominanz oder Aggression. Wer die Augenbrauen hochzieht, könnte Unterordnung andeuten oder auf Zustimmung aus sein. Zweifelt man, ob die andere Person einem Glauben schenkt oder die eigene Handlung akzeptiert, hebt man die Augenbrauen und hält kurz inne – wenn auch noch so kurz. Damit verbinden sich die unausgesprochenen Fragen: »Alles klar, alles richtig so?« und »Was halten Sie von dem, was ich gesagt habe?«

Werden die Brauen hingegen ganz langsam (also über mehrere Sekunden) nach oben gezogen, besonders wenn der Kopf leicht zur Seite geneigt ist, lauten die nonverbalen Fragen: »Alles gut angekommen?« und »Habe ich mich verständlich gemacht?« Wird die Bewegung der Augenbrauen sogar noch langsamer ausgeführt und dabei der Kopf gehoben, kann dies Missbilligung bedeuten. Das Anheben nur einer Braue deutet – besonders wenn dies von einem Grinsen begleitet wird – auf Skepsis hin. Das ultimative Signal für Missbilligung zeigt sich, wenn die Augenbrauen hochgezogen und die Lippen geschürzt werden, während der Kopf gesenkt und der Körper abgewandt ist.

Was die Nase weiß

Man kennt es: Bevor etwas Größeres losgeht, wird tief eingeatmet und die Nasenlöcher weiten sich. Dieses »Nüsternblähen« gilt als sicheres Zeichen dafür, dass jemand zu einer körperlichen Anstrengung ansetzt. Ein ehemaliger FBI-Agent sagte: »Schaut ein Verdächtiger nach unten und weitet dabei die Nasenflügel, ist die Wahrscheinlichkeit groß, dass er mir gleich die Faust geben wird.«

Auch wenn Faustschläge in beruflichen Besprechungen nicht so oft vorkommen, bleibt das Signal doch gleich: Jemand hat etwas vor. Die geblähten Nasenflügel signalisieren, dass eine wichtige Ankündigung oder Tat folgen wird. Ein Kräuseln der Nase in einer Besprechung dagegen heißt: »An dem, was Sie da sagen, ist irgendwas faul.«

Irgendetwas stinkt ihr

Das Erröten

Keine andere Körperpartie füllt sich schneller mit Blut als die Wangen. Erröten ist eine physiologische (und somit unwillkürliche), oft genug verräterische Reaktion. Bei emotionaler Erregung, ob aus Wut oder Freude, fließt einfach viel Blut ins Gesicht. Auch wer nervös oder beschämt ist, errötet leicht.

Gespannte Haut

Gereiztheit und Wut zeigen sich vornehmlich durch eine gespannte Gesichtshaut, vor allem am Hals und entlang der Kinnpartie. Um ein Gefühl dafür zu bekommen, kann man die Luft anhalten und mit der Hand über diese Gesichtspartien streichen.

Echtes und falsches Lächeln

Das unechte Lächeln ist der am häufigsten angewandte Gesichtsausdruck zum Kaschieren anderer Emotionen. Wer seine wirklichen Regungen verstecken möchte (besonders wenn es sich um Wut oder Unmut handelt), macht »gute Miene zum bösen Spiel«.

In seinen Studien entdeckte Paul Ekman insgesamt 18 Varianten des Lächelns, von denen die meisten unecht waren. Im Geschäftsleben bekannt ist das sogenannte »Dequalifizierungslächeln«, wenn ein Vorgesetzter die Idee eines Mitarbeiters ablehnt oder ihn kritisieren will. Und wir alle haben schon einmal ein falsches Lächeln aufgesetzt, wenn wir uns den Menschen um uns herum nicht wirklich nah fühlen; das echte Lächeln bleibt wahren Freundschaften vorbehalten.

Im Laufe des Lebens bekommen wir im Lächeln reichlich Übung, denn seit unserer Kindheit wenden wir im passenden Moment das echte und das unechte Lächeln an. Studien an der University of Maryland haben gezeigt, dass schon zehn Monate alten Babys als Antwort auf das Gurren eines freundlichen Erwachsenen die Lippen kräuseln – ein echtes Lächeln zeigen sie allerdings nur der sich nähernden Mutter.

Ein unechtes Lächeln lässt sich leicht aufsetzen, denn es bedarf lediglich einer einzigen Gruppe von Gesichtsmuskeln, um für ein solches die Lippen auseinander und nach oben zu ziehen. Das kann jeder – und jeder kann es beim anderen erkennen. Für ein echtes Lächeln dagegen muss man nicht nur die Mundwinkel, sondern das gesamte Gesicht bewegen. Die Augen leuchten auf, die Stirn kräuselt sich, die Wangen werden hochgezogen, die Haut in Augen- und Mundwinkeln zeigt kleine Falten und … ach ja, wie beim falschen Lächeln gehen auch hier die Mundwinkel nach oben.

Ein echtes Lächeln

Ein Lächeln, das nicht bis zu den Augen reicht

Ein weiteres Anzeichen für ein echtes Lächeln (und vor allem eins, das sich so gut wie gar nicht fälschen lässt) ist das Senken der inneren Augenbrauen. Daher finden wir ein unechtes Lächeln so steif und aufgesetzt: weil diese Gesichtspartie daran nicht beteiligt ist.

Ein echtes Lächeln ist schwer nachzuahmen, wenn uns nicht danach zumute ist. Der gelangweilte Verkäufer im Laden oder der peinlich berührte Zuhörer eines zotigen Witzes mag die Lippen nach oben ziehen – das ist aber auch schon alles.

Schauen Sie sich das Foto eines lächelnden Menschen an und decken Sie dabei die Mundpartie ab. Nur die Augen sind jetzt noch zu sehen und mehr brauchen Sie nicht, um die echten Regungen zu erkennen. Der Kinderbuchautor und -illustrator Mo Williams erklärte es so: »Male ich ein Gesicht mit traurigen Augen und lächelnden Lippen, ist es das Gesicht eines traurigen Menschen.« Die Wahrheit spricht aus den Augen, so einfach ist das.

Zum Ausprobieren:
Schreiben Sie in einer Liste alles auf, was Sie lustig, spaßig oder amüsant finden, zum Beispiel bestimmte Menschen, Tiere, Erlebnisse, Witze, Filme oder Lieder. Wenn Sie das nächste Mal in einem geschäftlichen Meeting sitzen und besonders freundlich oder aufgeschlossen wirken wollen, halten Sie einen Moment lang inne und denken Sie an Ihre Liste – auf Ihrem Gesicht wird ein Lächeln – und zwar ein echtes Lächeln – erscheinen.

Woher ein Lächeln auch immer rühren mag, es hat auf uns alle eine gewaltige Wirkung. Wir sind von Natur aus parteiisch: Unser Gehirn zieht lächelnde Gesichter ernsthaften vor und erkennt sie auch

»Schon erstaunlich, Dr. Odetts Happy-Face-Theorie!«

schneller und zuverlässiger als alle Gesichter mit negativer Ausstrahlung. Das Lächeln ist ein so wichtiger Teil der menschlichen Kommunikation, dass wir es auf 100 Meter Entfernung sicher erkennen können. Vor Gericht ist dieser Umstand nicht gerade unwichtig: Zwar werden Menschen, die im Gerichtssaal lächeln, genauso oft verurteilt, sie erhalten aber nachweislich leichtere Strafen.

Von den Lippen lesen

Mundbewegungen verraten viel über innere Regungen. Sind wir nervös, werden unsere Lippen trocken – wir berühren sie öfter oder benetzen sie mit der Zunge, um damit das Problem oder unsere Ängstlichkeit zu bekämpfen. Beißen wir uns auf die Lippen, ist dies ein Zeichen von Stress, den man zum Beispiel häufiger sieht, wenn sich jemand einen Kommentar verkneift.

Zusammengepresste Lippen hingegen (manchmal auch zu einer Seite verzogen) können heißen: »Ich überleg's mir.« Sie können aber auch andeuten, dass jemand mit dem, was gerade geschieht (oder gesagt und getan wird), nicht einverstanden ist. Häufig findet man dieses Verhalten vor Gericht: Ein Anwalt spricht gerade und der gegnerische Anwalt presst die Lippen zusammen. Auch der eine oder andere Richter ist dabei schon beobachtet worden.

Sie wägt ihre Optionen ab

Er hält sich mit seiner Meinung zurück

Etwas gefällt ihm gar nicht, aber er muss es hinnehmen

Auch wenn man wütend, frustriert, verzweifelt oder argwöhnisch ist, presst man die Lippen zusammen. Es ist eine Geste, die fast immer eine negative Regung ausdrückt. Das ist auch der Grund, warum volle Lippen auf uns so positiv wirken: Intuitiv interpretieren wir sie als Zeichen einer positiven Einstellung.

Lippen, die wie zum Ausatmen geformt sind, deuten Resignation, Skepsis oder Frustration an.

Eine weitere, unwillkürliche Lippenbewegung ist das kurze Zittern, das wir zeigen, wenn wir uns erschrecken. Erst kürzlich sah ich es bei einer Verkäuferin, die aus Versehen einen Werbeständer umstieß: Ihre zitternden Lippen verrieten, wie sehr ihr dieses Missgeschick in die Glieder gefahren war.

Beim Gähnen die Augen verschließen

Schauen wir jemandem beim Gähnen zu, nehmen wir selbstverständlich an, er sei gelangweilt oder müde. Die Psychologie behauptet dagegen, das Gähnen stelle vielmehr eine Art Fluchtmechanismus dar, mit dessen Hilfe wir vor schwierigen Themen die Augen verschließen. »Lieber gähnen als hinschauen«, soll das Motto heißen.

Gelangweilt? Müde? Oder will sie bloß nicht darüber reden?

Einmal coachte ich eine Managerin, deren Sohn eindeutig ein Verhaltensproblem hatte. Sie leitete eine große, international agierende Firma, bekam aber die Probleme mit ihrem Kind nicht in den Griff. Immer wenn wir auf das Problem des Sohnes oder auf ihre Rolle als Mutter zu sprechen kamen, fing sie an zu gähnen. Am liebsten wollte sie wohl das ganze Thema einfach ausblenden.

Verräterischer Zungenschlag

Wir fahren uns mit der Zunge über die Lippen, wenn wir unter Stress stehen – oder aber an ein köstliches Essen denken. Eine ganz andere Geste liegt vor, wenn wir die Zunge zwischen den Zähnen herausführen, ohne die Lippen zu berühren. Das geht ganz schnell und erinnert mich immer an eine Schlange. Fast immer hängt dieses »Züngeln« mit einem Täuschungsmanöver zusammen.

Als ich einmal in einer Kfz-Werkstatt war, erklärte mir der Mechatroniker, das sei soeben sein »letztes Preisangebot« für die Reparatur meines Autos gewesen. Anschließend ging er kurz nach hinten, um mit seinem Chef zu sprechen. Die beiden standen hinter einer Glaswand, sodass ich ihre Worte nicht verstehen konnte – die Körpersprache aber schon. Am Ende des Gesprächs machte der Mechatroniker unübersehbar die beschriebene Zungenbewegung.

Allem Anschein nach ist dies eine komplett unbewusste Geste. Befindet man sich gerade mit jemandem in Verhandlungen, der diese Geste zeigt, kann man davon ausgehen, dass er einen Coup plant.

Der Mann kehrte von dem Gespräch mit seinem Chef zu mir zurück und wiederholte seine Aussage: Billiger ginge es leider nicht. Ich lehnte ab und suchte mir eine andere Werkstatt, die den Auftrag schließlich für die Hälfte der Summe für mich erledigte.

Das vorgeschobene Kinn

Wer wütend oder aggressiv ist, neigt dazu, das Kinn nach vorn zu schieben. Besonders gut lässt sich dies bei trotzigen Zweijährigen beobachten, die partout nicht machen wollen, was von ihnen erwartet wird. Noch ehe sie das Wort »Nein« sagen können, strecken sie das Kinn heraus. Auch Kolleginnen und Kollegen können dieses Verhalten zeigen, wenn sie wütend sind, sich schlecht behandelt fühlen oder gleich kräftig schimpfen werden.

Da ist jemand wirklich sauer!

Schlucken

Hartes Schlucken ist bei Männern besonders auffällig, da man bei ihnen deutlich sieht, wie sich der Adamsapfel nach oben und wieder nach unten bewegt. Dahinter steckt Aufregung, vielleicht sogar Angst, Verlegenheit oder Stress. In geschäftlichen Meetings sieht man es häufig, wenn jemand ganz anderer Meinung ist als die gerade vortragende Person.

Der Kopf

Der geneigte Kopf: Unsere Vorfahren neigten den Kopf, um die Geräusche eines Feindes oder einer Gefahrenquelle besser wahrnehmen zu können. Heute verwenden wir die Geste als Signal dafür, dass wir interessiert und aufmerksam sind. Dies gilt besonders für Frauen. Grundsätzlich ist es also ein positives Signal, transportiert trotzdem aber unbewusst auch etwas Unterwürfiges. Wenn Frauen mit Männern verhandeln, sollten sie deshalb darauf achten, dass sie den Kopf gerade halten, oder sich zumindest der Bedeutung einer geneigten Kopfhaltung bewusst sein.

Eine feminine, aber nicht gerade professionelle Haltung des Kopfes

Der abgewandte Kopf: Sagen oder hören wir etwas, das uns nicht besonders behagt, drehen wir oft den Kopf von unserem Gegenüber weg. Wir versuchen so, Distanz zu schaffen. Ein abruptes Zurückzucken oder betont langsames Abwenden des Kopfes sind eindeutige Signale des Unwohlseins.

Ducken: »Baum fällt!« Welche Haltung nimmt man instinktiv ein, wenn dieser Warnruf ertönt? Die Schultern gehen hoch, der Kopf sinkt ein Stück tiefer und der Rücken rundet sich. Mit dieser geduckten Haltung begegnen viele auch ihrer Chefin oder ihrem Chef. Der Rangunterschied wird durch die Geste deutlich nach außen sichtbar gemacht.

Er ist unsicher und sie ist der Boss.

Kopf hoch! Vor etlichen Jahren gab es ein Experiment mit rauchenden Studierenden. Man teilte ihnen die Ergebnisse einer Klausur mit und beobachtete anschließend ihr Rauchverhalten. Es war ganz eindeutig: Die bestanden hatten, pusteten den Rauch nach oben, die Durchgefallenen nach unten. Ausschlaggebend dafür war die Kopfhaltung. Bei Zuversicht geht der Kopf hoch, bei Unsicherheit nach unten.

Nicken: Das seitliche Hin- und Herdrehen des Kopfes, also das Kopfschütteln, ist (fast) überall auf der Welt gleichbedeutend mit »Nein« oder »Finde ich nicht«. Das Auf- und Abbewegen dagegen, das Kopfnicken, gilt in den meisten Ländern als Zeichen der Zustimmung und des Einverständnisses. Nickt jemand ganz langsam, signalisiert er weiteres Interesse an dem, was gerade gesagt wird. Schnelles Nicken wiederum zeugt eher von Ungeduld – da möchte jemand selbst gleich das Wort ergreifen.

In einem bekannten Experiment sollten Studierende der Psychologie das Verhalten ihrer Professorin beeinflussen. Immer wenn sie zur linken Seite des Hörsaals ging, sollten die Studierenden lächeln und langsam nicken. Ging sie dagegen zur rechten Seite, sollten sie gelangweilt und desinteressiert wirken. Am Ende der Vorlesung stand die Professorin wie angeklebt an der linken Wand.

> **Zum Ausprobieren:**
> Versuchen Sie in einer passenden Gesprächssituation, Ihr Gegenüber dazu zu bewegen, mehr zu sagen. Nicken Sie einfach in regelmäßigen Abständen, und zwar am besten immer gleich dreimal. Studien zeigen, dass wir drei- bis viermal so viel reden, wenn uns jemand auf diese Weise zunickt. Es ist geradezu zielsicher, wie zielsicher dieses positive nonverbale Signal bei anderen ankommt.

Das Kopfnicken spielt in der menschlichen Kommunikation eine ganz große Rolle. Sie sagen etwas und ich nicke dazu. Auf diese Weise wissen Sie sofort, dass ich aufmerksam zuhöre und alles verstanden habe. Dann sage ich etwas und Sie nicken zustimmend. Besonders in öffentlichen Situationen kann man am Nickverhalten des Publikums die Resonanz der eigenen Worte recht gut ablesen.

Ohne Nicken dagegen vergeht vielen Menschen schnell die Lust am Gespräch. Einer meiner Klienten wunderte sich, dass seine geschäftlichen Verhandlungen selten zum gewünschten Erfolg führten. Ich beobachtete ihn eine Weile, dann war es mir klar: Er redete und hörte zu, bewegte dabei aber nie den Kopf. Ohne sagen zu können, woran es lag, mieden ihn seine Kolleginnen und Kollegen zunehmend und gingen jedem Gespräch mit ihm aus dem Weg.

Achten Sie auf die Kopfbewegungen Ihrer Mitmenschen und setzen Sie selbst das ermunternde Nicken häufig ein. Es ist eines der einfachsten nonverbalen Signale, das Sie regelmäßig zu Ihrem eigenen Vorteil ins Spiel bringen können.

Wie bei allen in diesem Kapitel besprochenen nonverbalen Signalen von Kopf und Gesicht werden Sie bald feststellen, dass die bewusste Wahrnehmung kleiner Veränderungen – ein Neigen des Kopfes, ein Spitzen der Lippen – große Auswirkungen auf Ihr Verständnis der tieferliegenden Bedeutung all der nonverbalen Signale haben, die Sie im Laufe eines Tages von Ihren Mitmenschen bekommen.

5 Mit den Händen sprechen

Jane erzählt Ian eine Geschichte. Darin lässt eine ihrer Figuren im entscheidenden Moment eine tödliche Substanz in die Teetasse einer anderen Figur gleiten. Um dieses zu unterstreichen, bildet Jane mit der hohlen Hand eine Tasse und tut mit der anderen Hand so, als würde sie etwas hineintun. »Alles klar«, werden Sie bestimmt denken, »das passt zusammen«. Allerdings wissen Sie nicht, dass Jane blind ist und ihr Zuhörer Ian ebenfalls.

Neben der Sprache gehören Bewegungen der Hände und Arme zu den ältesten Instrumenten der menschlichen Kommunikation. Die Forschung glaubt heute, dass unsere frühesten Vorfahren zunächst in einer Art Zeichensprache miteinander kommunizierten. Irgendwann kam dann die Sprache dazu und übernahm die Hauptrolle. Trotzdem sind unsere Gesten und unsere Sprache bis heute so eng miteinander verbunden, dass das eine ohne das andere nicht denkbar ist, deshalb gestikulieren wir auch, wenn wir am Telefon miteinander plaudern oder einem blinden Menschen gegenüberstehen.

In diesem Kapitel wollen wir deutlich machen, dass unsere Hand- und Armbewegungen zu einem sehr wichtigen Teil unserer beruflichen Kommunikation geworden sind. Sie werden lernen, warum wir bevorzugt solche Gesten verwenden, die als sympathisch gelten, und wie symbolische Gesten sich von spontanen und unbewussten unterscheiden. Außerdem wird es um die Frage gehen, wie sich mehr oder weniger glaubwürdige Gesten auseinanderhalten lassen und wie Ehrlichkeit, Angst, Täuschung, Abwägung, Langeweile und Widerstand zum Ausdruck kommen.

Wir bewegen uns alle ständig und unsere Gestik steht niemals still. Manchmal unterstreichen wir mit ihr unsere Aussagen, zum Beispiel wenn wir mit dem Finger auf eine Stelle in einem Text zeigen. Dann wieder wollen wir mit ihr auf unser Umfeld Einfluss nehmen, zum Beispiel, wenn wir die flache Hand erheben (»Stop!«), um den Redefluss einer anderen Person zu unterbrechen. Oft dient sie auch als Sprachersatz, zum Beispiel, wenn der eine Autofahrer einem anderen den Vogel zeigt. Häufig machen wir aber auch ganz spontan und ohne groß darüber nachzudenken eine Geste. Doch auch wenn wir uns unserer Gesten selten bewusst sind, setzen wir sie erstaunlich effizient und präzise ein und geben damit eine große Bandbreite unterschiedlicher Signale.

Darüber hinaus gibt es noch einen ganz anderen, wichtigen Grund dafür, warum wir beim Sprechen gerade unsere Hände so oft einsetzen: Im Gehirn gibt es einen für die Sprachproduktion zuständigen Bereich mit dem Namen Broca-Areal. Dieser Bereich wird allerdings nicht nur dann aktiv, wenn wir sprechen, sondern auch, wenn wir mit den Händen gestikulieren. Weil unsere Gesten so eng mit der Sprache verbunden sind, können Handbewegungen beim

»Hohes Gericht, der Zeuge kreuzt heimlich die Finger!«

Sprechen womöglich indirekt auch unser Denken beflügeln. In Experimenten mit Hunderten von Kindern und Erwachsenen stellte sich jedenfalls heraus, dass Gesten bei der Erklärung von Mathelösungen die Trefferquote bei der Wiedergabe früher einmal auswendig gelernter Zahlenlisten erhöhten. Wurde den Kindern und Erwachsenen dagegen untersagt, zu gestikulieren, sank die Trefferquote erheblich.

Zum Ausprobieren:
Wenn Sie sich das nächste Mal mit jemandem unterhalten, tun Sie so, als hätten Sie etwas nicht verstanden, und bitten Sie um eine Wiederholung der Aussage. Achten Sie darauf, ob Ihr Gegenüber beim zweiten Versuch mehr Gesten einsetzt. Ich wette ja. Instinktiv wissen wir, dass Gesten zur Klarheit und Verständlichkeit einer Aussage beitragen können.

Von innen nach außen

Ist Ihnen schon einmal aufgefallen, dass die Gestik immer lebhafter wird, je leidenschaftlicher jemand für ein Thema brennt? Hände und Arme sind in Bewegung, um das Wichtigste zu betonen, und die Begeisterung für eine Sache herüberzubringen.

Auch wenn man sich dies noch nie bewusst gemacht hat, leuchtet einem dieser Zusammenhang instinktiv sofort ein. Studien zeigen, dass wir Menschen, die eine lebhaftere und abwechslungsreichere Gestik zeigen, generell positiver einschätzen. Wer mit dem gesamten Körper kommuniziert, wird von anderen als »herzlich, angenehm und energiegeladen« empfunden, während eher starre Menschen als »logisch, kalt und berechnend« eingestuft werden.

Eine lebhafte Gestik wird oft mit großer Energie gleichgesetzt. Wenn Sie also Ihre Begeisterung für etwas zum Ausdruck bringen wollen, können Sie versuchen, Ihre Äußerungen mit großen Gesten zu untermauern. Dabei sollten Sie es allerdings nicht übertreiben: Heftiges Fuchteln mit den Armen, vor allem über dem Kopf, wird schnell als Kontrollverlust empfunden und kann Sie weniger ernsthaft und glaubwürdig aussehen lassen.

Sind wir für etwas Feuer und Flamme, werden unsere Gesten ausladender

Zum Ausprobieren:
Achten Sie bei der nächsten Betriebsfeier darauf, wie Ihre Kolleginnen und Kollegen dastehen und ihre Getränke halten. Wird eine Hand durch ein volles Glas zur Unbeweglichkeit verdammt, sind die Ausdrucksmöglichkeiten nämlich stark eingeschränkt. Berichtet jemand begeistert von irgendeiner Sache, kann es vorkommen, dass er das Glas abstellt, um besser mit den Händen agieren zu können. Dient das Gespräch aber nur dazu, die Zeit zu vertreiben, gibt es weniger Gesten und das Glas bleibt in der Hand.
Ein anderes Phänomen in solchen Situationen ist das Spiegeln: Beobachten Sie bei einem Gruppengespräch, ob jemand eine bestimmte Geste verwendet. Nach einer Weile werden Sie diese Geste auch bei den anderen sehen.

Symbolische Gesten

»Meine Beurteilung Ihrer Leistung? Zwei Daumen nach oben!«

Manchmal einigt sich eine Gruppe auf die Bedeutung bestimmter Gesten, um sprachliche Äußerungen damit bewusst ersetzen zu können. In diesem Fall spricht man von *symbolischen Gesten*. Wie die Worte, die sie repräsentieren, werden sie von der linken Gehirnhälfte verarbeitet.

Solche symbolischen Gesten finden wir in Familien, in Schulen und in vielen anderen Gruppen, auch wenn sie selten kulturübergreifend gültig sind. Hier ein paar Beispiele, die in der westlichen Welt wohl überall verstanden werden:

- Daumen nach oben: »Gut gemacht!«, »O.K.!«, »Alles klar!«
- Handkippen (Handfläche zeigt zum Boden, Finger sind gespreizt, die Hand wird hin und her gekippt): »Geht so.«, »Vielleicht.«, »Wie man›s nimmt …«
- V-Zeichen aus Zeige- und Mittelfinger: »Sieg« (»Victory«), wird aber auch als Friedenszeichen eingesetzt.
- Schulterzucken, oft mit nach oben zeigenden Handinnenflächen: »Keine Ahnung.«, »Verstehe ich nicht.«, »Ist mir egal!»
- Eine ans Ohr gelegte Hand: »Bitte lauter, ich kann nichts verstehen.«
- Mit der flachen Hand an die eigene Stirn schlagen: »O Schreck, ich hab's komplett vergessen!«, »Wie dumm von mir!«
- Daumen nach unten: »Schlechte Idee.«, »Dumm gelaufen!«, »Nein!«

Beide Daumen nach oben zeigen einen klaren Erfolg

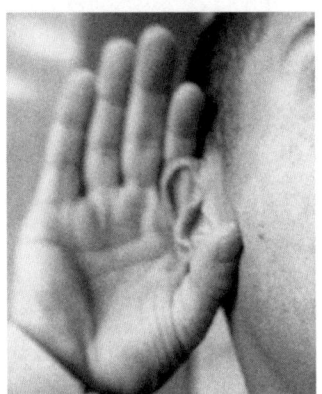

Was haben Sie gerade gesagt?

Die klassische Ablehnung

Täuschen mit Hand und Mund

Anders als die gerade beschriebenen symbolischen Gesten geschehen die meisten Hand- und Armbewegungen unwillkürlich, das heißt, wir können sie zwar bewusst beschreiben, führen sie aber unbewusst aus. Oft genug verraten sie unsere wirklichen Gefühle. Um sie im privaten ebenso wie im beruflichen Leben zuverlässig deuten zu können, sollte man sie auf jeden Fall kennen.

Nehmen wir als Beispiel die Hand vor dem Mund. Erzählen Kinder eine Lüge, decken sie den eigenen Mund mit einer Hand (oder beiden Händen) ab. Sie zeigen damit, dass sie eigentlich etwas Verbotenes zurückhalten wollen. Ältere Kinder dagegen wissen schon, wie verräterisch diese Geste ist, und verwenden sie deutlich seltener. Dennoch ist diese Bewegung so natürlich und so tief in uns eingepflanzt, dass wir sie manchmal nicht gänzlich vermeiden, sondern bloß abschwächen können. Täuschungsmanöver bei Erwachsenen erkennt man daran, dass die Finger (möglicherweise durch ein falsches Husten oder ein abgedecktes Gähnen begleitet) zum Mund geführt werden. Manchmal wird dann in letzter Sekunde noch abgebremst und die Nase oder die Lippen werden nur kurz berührt.

Er glaubt Ihnen nicht

95

Wer lügt, reibt sich die Nase. Warum? Der durchs Lügen ausgelöste Adrenalinschub öffnet die Kapillaren und lässt die Nase jucken. Wer ihn kennt, kann diesen Vorgang genau beobachten.

Mund und Nase werden jedoch nicht nur beim Lügen, sondern auch beim Zuhören berührt, wenn man vermutet, dass der andere lügt. Ein Polizist, der zwei Tatverdächtige gleichzeitig befragt, achtet deshalb bei beiden ganz besonders auf solche Gesten.

Zum Ausprobieren:
Wenn Sie das nächste Mal ein Meeting leiten oder einen Vortrag halten, achten Sie darauf, ob jemand im Publikum den Mund mit der Hand abdeckt oder berührt. Diese Geste ist ein Signal dafür, dass Sie innehalten und mögliche Bedenken offen ansprechen sollten: »Manche von Ihnen hegen Zweifel an dem, was ich gesagt habe, aber…« oder »Sie sehen skeptisch aus. Was denken Sie?«

Beruhigende Gesten

Im Laufe der menschlichen Evolution hat unsere Spezies eine ganze Reihe von Verhaltensweisen entwickelt, die uns helfen sollen, mit Stress zurechtzukommen. Babys und Kleinkinder zeigen dies ganz offen, indem sie zum Beispiel am Daumen lutschen, ihr Schmusetuch streicheln oder zu ihrem geliebten Schnuller greifen.

Wenn wir älter werden, wählen wir andere Mittel.

Um sich zu beruhigen, reiben viele zum Beispiel ihre Beine. Sie zupfen an ihrem Kragen, verschränken die Arme und streicheln die eigenen Oberarme. Oder sie legen die eine Hand in die offene Innenfläche der anderen Hand und massieren leicht ihre Fingerkuppen – eine ebenso beruhigende wie schützende Geste.
Jede Selbstberührung kann beruhigend wirken. Besonders häufig sieht man es bei Scham, Zweifel, Angst und Überraschung.

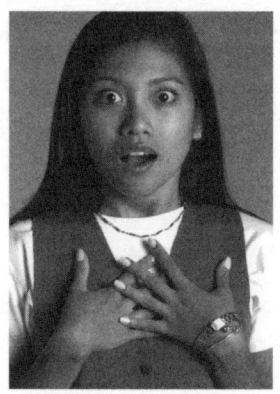

Wer erschrickt, berührt sich selbst

Besonders wirksam sind Berührungen im Gesicht oder am Hals. Wir streichen uns übers Kinn, reiben die Stirn, zupfen an den Ohrläppchen, massieren ein Ohr, spielen mit dem eigenen Haar. Auch das Kauen an den Fingernägeln oder an einem Bleistift gehört in diese Kategorie.

Den eigenen Nacken zu berühren oder gar zu massieren ist eine der wichtigsten und häufigsten Beruhigungsrituale im Umgang mit Stress. Auch das Ziehen am Kragen hat eine Bedeutung: »Ich brau che Luft!« Reibt sich einer das Kinn oberhalb des Adamsapfels oder

Er hat so seine Zweifel

zieht an der Haut am Hals, sollte man aufhorchen: Diese Geste dient der Selbstberuhigung bei hohem Puls und Blutdruck. Frauen berühren sich am Hals allerdings anders als Männer: Sie spielen mit ihrer Halskette oder berühren die Höhlung direkt unterhalb des Adamsapfels, besonders wenn sie sich ängstigen oder bedroht fühlen.

Zum Ausprobieren:
Achten Sie auf beruhigende Verhaltensweisen. Müssen Sie als Manager oder Managerin eine neue Arbeitszeitregelung für Ihre Mitarbeiterinnen und Mitarbeiter verkünden und jemand reibt sich den Nacken, fragen Sie lieber nach. Sind Sie in einem Verkaufsgespräch und Ihr Kunde kratzt sich am Kopf, ist er aller Wahrscheinlichkeit nach von Ihrer Argumentation nicht überzeugt und Sie sollten sich eine neue Strategie einfallen lassen.

Offene Gesten versprechen Kooperation

Offene Handflächen

Polizisten, die Verdächtige befragen, lernen in ihrer Ausbildung, auf die Handflächen zu achten: Wer lügt, scheut sich oft, seine Handflächen offen zu zeigen. Offene und ehrliche Menschen dagegen zeigen gern ihre Handflächen, Handgelenke oder ausgebreiteten Arme: »Schaut her, ich habe nichts zu verbergen.«

Geschlossene Hände

Wer täuschen will oder vor etwas auf der Hut ist, neigt dazu, Hände und Arme weniger als üblich zum Einsatz zu bringen. Im Sitzen bleiben die Hände im Schoß, im Stehen fest am Körper oder gar in den Hosentaschen; manche umklammern einen Gegenstand, andere ballen die Fäuste. Alle diese Gesten deuten an: »Ich halte hier etwas fest und will weder locker lassen noch mich öffnen.«

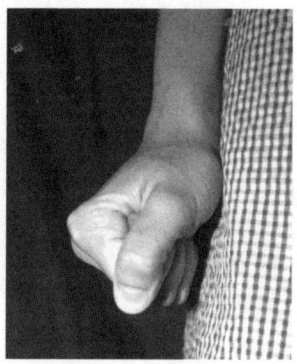

Eine verhaltene oder gar feindliche Geste

Legt jemand während einer wichtigen Verhandlung die Hände auf den Tisch, ehe er das Wort ergreift, bedeutet dies: »Was folgt, ist eine ehrliche Aussage.« Hält jemand dagegen die Wahrheit zurück, bleiben die Hände unter dem Tisch oder eng am Körper. Achten Sie besonders darauf, ob jemand die Hände zu Fäusten ballt oder die Handinnenflächen nach unten dreht, während ihm eine Frage gestellt wird. In der Regel ist es ein Zeichen dafür, dass er sich angegriffen fühlt und sich zurückziehen will.

Kürzlich fragte ich einen Kollegen, wie er mit der neuen Chefin zurechtkomme. »Ach ja, ganz gut«, erwiderte er und schob die

Hände in die Hosentaschen. Dann wechselte er das Thema. Einige Tage später erfuhr ich, dass er in Wirklichkeit große Probleme mit seiner Chefin hatte und schon auf der Suche nach einem neuen Job war.

Während eines Gesprächs die Hände in den Taschen zu lassen, ist ein besonders bei Männern beliebtes Zeichen dafür, dass sie an dem Gespräch im Grunde kein Interesse haben. Da Hände bekanntlich »sprechen« können, heißt es: »Ich sage gar nichts.«

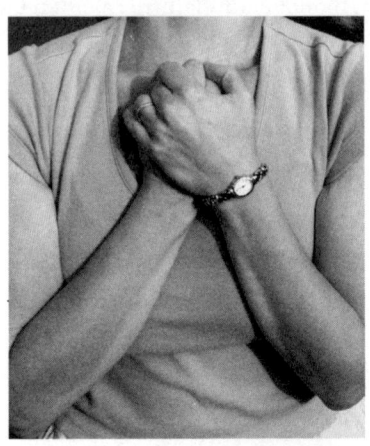

Verkrampfte Hände lassen auf geringe Selbstsicherheit oder Besorgnis schließen

Gesten bei geringem Selbstbewusstsein

Es gibt eine Reihe von Signalen, die für eine geringe Selbstsicherheit sprechen, darunter das Wringen und Verschränken der Finger. Wer die Daumen in die Hosentaschen steckt und auch sonst gern seine Daumen versteckt, hat meist eine geringe Meinung von sich. Weil die meisten Menschen in der Regel eine neutrale Haltung einnehmen, fällt jede Abweichung rasch ins Auge. Auch wer mit einer Hand an den Fingern der anderen Hand zupft, signalisiert geringes Selbstbewusstsein oder zumindest Unwohlsein.

Gesten bei hohem Selbstbewusstsein

Wer die bekannte »Kirchturm«-Haltung wählt (also die Finger so
zusammenlegt, dass ein schräges »Kirchendach« entsteht), fühlt sich
wohl und ist von dem, was er sagt und denkt, tatsächlich überzeugt.
Bei Politikern, Managern, Professoren und Anwälten lässt sich diese
Geste oft beobachten.

Er ist von seiner Meinung überzeugt

Er schaut gelassen und zuversichtlich in die Welt

Zeichen des Widerstands

Natürlich gibt es auch Gesten, die Widerstand oder Ablehnung signalisieren. Das Reiben von Nase, Augen oder Ohren zum Beispiel heißt übersetzt in verbale Sprache häufig: »Das stinkt mir im Moment!«, »Das sieht nicht so gut aus.« oder »Das hört sich ganz falsch an.« Das Trommeln mit den Fingern auf dem Tisch steht bekanntlich für Ungeduld. Sich mit dem Kinn in einer Hand am Tisch aufzustützen (meist ruht dann der Zeigefinger am Kinn), lässt auf eine kritische Haltung gegenüber dem Redner oder dem Thema schließen. Das Picken imaginärer Fussel von den Kleidern (ob bewusst oder unbewusst) strahlt die Nachricht aus: »Ich bin ganz anderer Meinung, will mich aber nicht streiten.«

Ein deutliches nonverbales Zeichen der Ablehnung

Zum Ausprobieren:
Erkennen Sie im Laufe eines Meetings Zeichen des Widerstands – besonders wenn Sie die Gesprächsleitung übernommen haben –, versuchen Sie, diese Regungen nicht einfach zu ignorieren, sondern offensiv darauf einzugehen. Machen Sie deutlich, dass Sie abweichende Meinungen respektieren. Nur durch Offenheit können Sie der Sache wirklich auf den Grund gehen. Widerstand, der als solcher stehenbleibt und nicht angesprochen wird, wirkt wie eine schwärende Wunde, die irgendwann doch noch aufplatzt und dann meis-

tens mit starken negativen Emotionen wie zum Beispiel Rachege-
fühlen verbunden ist. Es empfiehlt sich immer, die Gefühle anderer
offen anzusprechen – vor allem und ganz besonders, wenn sie negativ sind!

Andere Gesten

Es gibt eine ganze Reihe weiterer Gesten, die eine ganze Bandbreite
von Reaktionen widerspiegeln können:
Langeweile: Stützt ein Zuhörer den Kopf in eine Hand (oder gar in
beide Hände), ist das ein deutliches Signal für Langeweile. (Je mehr
Hände, desto größer die Langeweile!)

Sie hat kein Interesse mehr

Wut: Hält jemand verkrampft die eigenen Hände hinter dem Rücken fest, liegen Wut oder zumindest Frustration nahe.
Erhobener Zeigefinger: Der erhobene Zeigefinger ist eine elterliche
Geste, die man öfter auch bei Politikern und Führungskräften sieht.
Er betont das Gesagte und signalisiert Dominanz. Anstatt die Autorität der Person zu unterstreichen, kann diese Geste aber auch leicht
ins Gegenteil umkippen, als Kontrollverlust interpretiert und als

übertrieben empfunden werden. Niemand fühlt sich gern in den Kindergarten zurückversetzt.

Die Lieblingsgeste des Besserwissers

Interesse: Nicht alle Gesten haben allerdings einen negativen Beigeschmack. Handhaltungen können auch starkes Interesse signalisieren: Man legt die Hand leicht auf eine Wange, ohne den Kopf hinein zu stützen. Wer sich leicht übers Kinn streicht, lässt vermuten, dass er intensiv über das Gesagte nachdenkt. Beugt er sich dann auch noch nach vorn und faltet die Hände zum »Kirchendach« oder gibt irgendein anderes positives Zeichen von sich, steht die Sache gut. Lehnt er sich allerdings zurück und verschränkt die Arme, sollte man aufpassen: Mit Ressentiments ist zu rechnen.

Er überlegt sich noch, was Sie gesagt haben, die rechte Augenbraue
deutet allerdings Skepsis an

Lehnt sich jemand hingegen eindeutig nach vorn, legt die Hände vor sich und klopft mit den Innenflächen leicht auf den Tisch (und zieht dabei sogar noch ein wenig die Augenbrauen hoch), können Sie sich auf Zufriedenheit einstellen.

Zum Ausprobieren:
Die nonverbale Kommunikation mit Armen und Händen spielt in jedem beruflichen Meeting, egal welcher Art, eine große Rolle, zumal oft fast die ganze Zeit gesessen wird. Bleiben Sie selbst wach und aufmerksam, können Sie die ganze Bandbreite der beschriebenen Gesten in nur einem Meeting erleben – einige davon symbolisch, andere, mit denen die Teilnehmer und Teilnehmerinnen die eigenen Worte unterstreichen, und wieder andere – und das sind oft die interessantesten –, die unbewusste Signale aussenden.

Die Schultern

Auch die Schultern haben ihre eigene Sprache. Der bekannte Spruch: »Sie zeigte mir die kalte Schulter«, um eine kränkende Ablehnung zu beschreiben, kommt nicht von ungefähr. Tatsächlich verraten die Schultermuskeln selbst kleinste Veränderungen des inneren Zustands durch die Haltung der Schultern, die sie herbeiführen. Wir alle kennen herunterhängende, gekrümmte, nach vorne oder nach hinten, aber auch nach oben gezogene Schultern. Achten Sie darauf, ob die jeweilige Schulterposition zu den Worten der betreffenden Person passt. Hier ein kleines »Wörterbuch« der Schulterhaltungen:

- Wer entspannt ist, hat lockere Schultern und Arme. Die Schultern sind leicht nach vorn geschoben, die Arme hängen frei neben dem Körper.
- Zurück- und hochgezogene Schultern deuten auf volle Konzentration und Beherrschung hin.

- Gebeugte oder gekrümmte Schultern können einfach nur ein Zeichen von schlechter Haltung sein, zeugen in vielen Fällen aber auch von Niedergeschlagenheit und Resignation.

- Menschen, die gerade gut drauf und freundlich gesonnen sind, lassen allerdings auch mal eine Schulter hängen. Eine Hand wandert dabei oft in die Tasche.

- Andererseits können (auffällig) ungleiche Schultern auch eine innere Unsicherheit andeuten. Achten Sie besonders darauf, ob die Schultern auf und ab bewegt werden, was darauf hindeuten kann, dass die Person sich schwertut, Sie zu verstehen, oder nicht genau weiß, wie sie sich ausdrücken soll.

Arme als Barriere

Wer neu in eine Gruppe kommt (oder sich unsicher fühlt), verschränkt die Arme oft teilweise vor dem Oberkörper. Dabei liegt nur ein Arm quer über dem Körper und hält oder berührt den anderen Arm. Auf diese Weise bilden beide Arme eine sichere Barriere. Eine ähnliche Haltung sieht man oft bei Menschen, die wartend vor einem Publikum stehen, weil sie zum Beispiel gleich einen Preis entgegennehmen oder eine Rede halten sollten. Manchmal werden in solchen Situationen auch die Hände fest vor dem Körper verschränkt.

Eine weitere Variation der sicheren Barriere (besonders beliebt bei Politikern, Fernsehmoderatoren und Verkäufern – man will nicht den Eindruck vermitteln, man sei nervös) ist wie folgt: Ein Arm schwingt frei vor dem Körper, so dass die andere Hand den Ärmel, die Uhr oder etwas anderes daran berühren kann. Wer einen Arm quer über dem Körper bewegt, tut dies fast immer, um sich selbst zu beruhigen.

Die ultimative Abwehrhaltung

Ich stehe ja oft vor einem Publikum und fürchte bei meinen Zuhörerinnen und Zuhörern nichts mehr als die ultimative Abwehrhaltung (siehe Abbildung). Die Arme sind dabei direkt vor der Brust verschränkt. Alles an dieser Körperhaltung schreit nach: »Abwarten, abwehren, misstrauisch sein!« Diese Haltung hat aber auch noch einen anderen unerfreulichen Aspekt: Studien belegen, dass die Geste nicht nur von einer negativen Einstellung zeugt, sondern auch bedeuten kann, dass die Person nur noch bedingt zuhört oder gar ganz abgeschaltet hat.

Die ultimative Abwehrhaltung

In einer Studie wurden Freiwillige zu einer Serie von Vorträgen eingeladen. Die erste Gruppe erhielt die Anweisung, die Arme locker neben dem Körper zu halten. Die zweite Gruppe sollte die Arme fest vor dem Körper verschränken. Ein aufschlussreicher Vergleich ergab, dass die zweite Gruppe 38 Prozent weniger vom Inhalt des Vortrags behalten hatte.

Zum Ausprobieren:
Stellen Sie sich vor, Sie stünden vor einem solchen »armverschränk-ten« Publikum. Was könnten Sie tun, um die Sache aufzulockern? Wie bringt man andere dazu, ihre Körperhaltung zu verändern? Manchmal greife ich zu dem Trick, meinen Vortrag mit einer Reihe von Fragen zu beginnen, auf die das Publikum mit Handzeichen re-agieren soll. Ist die Gruppe nicht ganz so groß, löse ich sie auf und lasse Zweier- oder Dreier-Gruppen bilden, die dann ein bestimmtes Thema diskutieren. Im Einzelgespräch biete ich eine Tasse Kaffee oder Tee an – niemand kann die Arme verschränken und gleichzeitig trinken! Oder man verteilt etwas – Kugelschreiber, Bücher, Pros-pekte, Warenproben, ein Quiz. Was man macht, ist eigentlich egal – Hauptsache, die Armbarriere ist erst einmal aufgelöst.

Das beschriebene Verhalten findet man allerdings nicht nur im Publikum. Einmal saß ich bei einer Veranstaltung vorn und schaute zu, während ein Redner (ein Repräsentant einer großen, bekannten Firma) nach seinem Vortrag um Fragen bat. Er stand dabei mit verschränkten Armen vor dem Publikum. Wie zu erwarten, meldete sich niemand, um ihm eine Frage zu stellen.

Gestik: Die fünf wichtigsten Faktoren

Im ersten Kapitel haben wir die fünf wichtigsten Faktoren der Körpersprache kennengelernt. Wir sahen, wie der *Kontext* die Bedeutung mitbestimmt, wie *Verhaltenscluster* ähnlichen Inhalts über die Bedeutung Aufschluss geben, dass die Übereinstimmung der verbalen Nachricht mit den körperlichen Signalen wichtig ist, dass das Verhalten auch über längere Zeit *Beständigkeit* haben muss und dass die jeweilige *Kultur* eine Rolle spielt. In diesem Abschnitt möchte ich diese Aussagen mit der Gestik von Händen und Armen verknüpfen. **Kontext:** Man stelle sich eine Situation vor, in der das Publikum mit verschränkten Armen in zwei verschiedenen Räumen sitzt. Auf den ersten Blick könnte man meinen, man habe es in beiden Fällen mit feindlich gesonnenen Menschen zu tun. Ein weiterer Blick auf die Umstände zeigt jedoch große Unterschiede: In dem einen Raum ist es sehr kalt und die Stühle haben keine Armlehnen, sodass ein Verschränken der Arme geradezu herausgefordert wird. Im anderen Raum dagegen ist es warm, die Stühle sind weich und mit bequemen Armlehnen ausgestattet. In diesem Kontext hat man angesichts der Körperhaltung sehr viel mehr Grund, mit einer feindlichen Einstellung zu rechnen.

Cluster: In einer Bank versucht eine Kundin dem Bankangestellten zu erklären, warum sie mit einem bestimmten Kontoauszug nicht klar kommt. Die Hände hält sie offen in Brusthöhe, die Handinnenflächen zeigen nach oben. Die Schultern sind leicht hochgezogen und ihr Gesicht wirkt wie ein einziges Fragezeichen. Alles in allem signalisiert die Körpersprache dieser Frau Hilflosigkeit – und eine ehrliche Bitte um Beistand.

Übereinstimmung: Ihre Chefin gibt Ihnen Anweisungen zum Umgang mit den Vertretern einer anderen Firma. »Ich möchte, dass Sie bei diesem Deal ganz viel Fingerspitzengefühl zeigen«, sagt sie, schlägt aber dabei mit der Faust auf den Tisch. Sie hören zwar ihre Worte, sehen aber auch, dass ihre Worte mit ihrer Gestik nicht übereinstimmen. Sie bleiben perplex zurück und wissen nicht, was die Chefin eigentlich von Ihnen will.

Beständigkeit: Eine Frau muss in einem Betrugsprozess vor Gericht gegen ihren früheren Chef aussagen. Vom ersten bis zum letzten Moment zittert sie am ganzen Körper und zeigt die typischen Anzeichen, die man von Lügnern kennt: Sie schaut niemandem ins Gesicht, berührt ständig mit den Fingern ihren Mund und spielt nervös mit ihrem Haar. Wer Erfahrung mit Gerichtsprozessen hat, weiß jedoch, dass dies nichts bedeuten muss. Wäre sie eine echte Lügnerin, wäre sie bei simplen Fragen (nach ihrem Name, ihrer Adresse, beruflichen Laufbahn und so weiter) ruhig geblieben. Ihr sichtliches Unbehagen über die gesamte Zeitspanne spricht eher dafür, dass sie zwar sehr aufgeregt, aber nicht unbedingt unehrlich ist.

Kultur: Nach einem erfolgreichen Geschäftsabschluss freut sich ein amerikanischer Manager und reckt beide Daumen nach oben. Leider sind aber auch einige Australier in der Runde, für die diese Geste höchst beleidigend ist. Aufgrund ihrer vielfältigen Auslandserfahrungen sind sie aber zum Glück in der Lage, dieses Verhalten und seine Bedeutung richtig einzuordnen.

Das war's!

Am Ende eines Kapitels über die Gestik von Händen und Armen passt es gut, sich vor Augen zu halten, wie Regisseure bei Film und Fernsehen die letzte Szene beenden – zum Beispiel, indem sie mit der flachen Hand quer über ihren Hals fahren, um »Cut« zu signalisieren. Man sieht daran sehr schön die großen Vorteile der nonverbalen Kommunikation, die eine einfache, allgemein verständliche und sehr schnelle Methode der Verständigung sein kann. Das gilt allerdings nicht für alle in diesem Kapitel vorgestellten Gesten, die manchmal erst auf den zweiten Blick zu deuten sind. Deshalb rate ich Ihnen auch so dringend, stets genau hinzuschauen. Menschen sagen mit ihren Händen oft viel mehr, als ihnen bewusst – und manchmal auch lieb – ist. Wer gut beobachtet, kann diese Tatsache für sich nutzen.

6 Zeigt her eure Füße

Seit Millionen von Jahren verlassen wir Menschen uns auf unserer Füße. Von Anfang an brauchten wir sie zur Fortbewegung und für unsere wichtigste Überlebensstrategie: die Kampf- oder Fluchtreaktion. Das limbische System unseres Gehirns, manchmal auch »emotionales Gehirn« genannt, ist in der Lage, auf etwaige Umweltreize unverzüglich zu reagieren. Wie bereits erwähnt, spielen sich unsere emotionalen Reaktionen vor unseren bewussten Gedanken ab: Lange bevor wir überhaupt einen Aktionsplan entwerfen können, hat das limbische Gehirn schon entschieden und vorsichtshalber Füße und Beine startklar gemacht. Je nach Situation laufen wir dann weg, schlagen zurück oder bleiben wie angewurzelt stehen.

All dies sind sowohl instinktiv als auch unwillkürlich ablaufende Reaktionen. Selbstverständlich haben die Gefahren, die uns heutzutage in der Businesswelt drohen, ein ganz anderes Kaliber als die, vor denen sich die ersten Menschen fürchteten. Und trotzdem reagiert unser Körper ähnlich, wenn wir eine Gefahr wittern: Beine und Füße bleiben zunächst stehen, dann bereiten sie sich auf die Flucht vor, und wenn alles nichts hilft und keine Alternative in Sicht ist, treten sie – im wahrsten Sinne des Wortes – den Kampf an.

Joe Navarro arbeitete 15 Jahre als Verhaltensforscher für das FBI. Heute bringt er professionellen Pokerspielern das Entziffern der Körpersprache bei. Sein Rat: »Ich sage immer: ›Achtet auf die Füße, auf die Hände und aufs Gesicht – und zwar in dieser Reihenfolge. Die Füße sind die verräterischsten Körperteile des Menschen.‹«

Auch wenn dieses Kapitel etwas kürzer ausfällt als die vorangegangenen, das Thema ist hochbrisant und sie bekommen die faszinierendsten und nützlichsten Tipps. Sie erfahren, wie man Ängste, Vorfreude, Aufgeschlossenheit, Abwehr, Interesse und Rückzugsbedürfnisse erkennen kann, und zwar einzig und allein daran, wie jemand seine Füße und Beine hält.

Versucht jemand bewusst, seine Körpersprache unter Kontrolle zu halten, konzentriert er sich dabei oft ausschließlich auf das Gesicht und die Hände. Politikerinnen und Politiker sind dafür ein gutes Beispiel. Sie wollen ein positives Bild von sich und ihrer Partei vermitteln. Nonverbale Kommunikation spielt dabei eine große Rolle. Deshalb werden sie heute meist intensiv gecoacht. Sie lernen, wie man am vorteilhaftesten lächelt, wie man Augenkontakt aufnimmt und wie man am gewinnendsten Hände schüttelt. Im Sitzen beugen sie sich denn meist auch brav nach vorn, um ihre Offenheit und ihr Interesse zu signalisieren.

Selten aber erlebt man in der Öffentlichkeit stehende Persönlichkeiten (sei es aus der Politik, aus Film und Fernsehen oder dem obersten Management), die ganz offensichtlich auch die Körpersprache von der Taille abwärts erlernt haben. Weil diese Bereiche in aller Regel vom Training unberührt bleiben, sind sie eine wahre Fundgrube der Erkenntnisse über die wahren Empfindungen solcher Persönlichkeiten. Kommunikationsprofis wissen es schon lange: Die Füße – nicht das Gesicht – bieten die ehrlichsten Projektionsflächen für Gefühle.

Füße lügen nicht

Wer lügt, bewegt die Füße. Sie zappeln oder wippen, strecken oder beugen sich vor – alles in dem Versuch, aufgebaute Spannung irgendwie abzubauen. Manchmal zucken sie sogar oder treten aus, wie in dem symbolischen Versuch, schnellstmöglich wegzulaufen.

Genauso haben wir, auch wenn es uns meist nicht bewusst ist, schon immer auf die Füße anderer Menschen reagiert. Studien zeigen, dass wir Lügen besser entlarven können, wenn wir die andere Person in ihrer Ganzheit sehen. Vor diesem Hintergrund kann es uns auch nicht mehr wirklich überraschen, dass viele Geschäftsleute ihren Unterkörper am liebsten hinter einem klobigen Schreibtisch verstecken.

Zum Ausprobieren:
Wenn Sie das nächste Mal auf jemanden treffen, den Sie gern besser kennenlernen möchten, locken Sie ihn hinter dem Schreibtisch hervor. Stellen oder setzen Sie sich so hin, dass Sie Ober- und Unterkörper sehen können. Achten Sie auf die nonverbalen Signale, die von den Füßen und Beinen ausgehen. Sie werden dabei vieles über diesen Menschen erfahren.

Happy Feet

Unsere Beine und Füße reagieren natürlich nicht nur auf Stress und negative Faktoren, sondern auch auf positive Erlebnisse oder Erwartungen. Wir »tanzen vor Glück«, wir »schweben wie auf Wolken« – nur zwei Beispiele für positive Ausdrücke, die sich auf Beine und Füße beziehen.

Wer regelmäßig Karten spielt, merkt, wenn jemand ein gutes Blatt hat, trotz »Pokerface«. Und zwar erkennt man die Glückspilze an den zuckenden, unruhigen Beinen. Profispieler nennen dieses Phänomen »happy feet« – eine ernstzunehmende Warnung vor einem Superblatt.

In der Geschäftswelt geht es ähnlich zu: Bemerkt man beim anderen unruhige Bewegungen in den Beinen und Füßen (oder auch im Schulterbereich), kann man davon ausgehen, dass er seine Verhandlungsposition äußerst positiv einschätzt. Das Gegenteil gibt es allerdings auch: Wenn jemand die Beine ständig in Bewegung hat, sie aber bei der Abgabe eines Angebots schlagartig still hält, ist seine Erwartungshaltung am größten. Das Stillhalten der Beine wirkt wie ein Anhalten der Atemluft.

Wie bei jedem anderen nonverbalen Signal kann man dessen Bedeutung erst dann richtig beurteilen, wenn man das normale Verhalten der betreffenden Person kennt (»Baseline«). Wer von sich aus unruhige Beine hat und auf jede Art von Stress so reagiert, lässt sich nicht so leicht einschätzen.

Füße, die woanders sein wollen

Stellen Sie sich vor, Sie säßen mit einem Dreijährigen, der eigentlich ganz woanders – am liebsten draußen – sein will, am Küchentisch. Noch bevor der letzte Bissen gegessen ist, streckt er schon die Beine Richtung Boden. Der Oberkörper isst noch, die Beine und die Füße sind aber bereits auf dem Weg nach draußen.

Sie meinen, dass sei ein typisch kindliches Verhalten? Von wegen! Auch wir Erwachsenen sind dafür anfällig. Es fällt vielleicht bei uns nicht so sehr auf, aber auch das stimmt nicht wirklich. Wir wenden die Füße stets der Richtung zu, in der wir flüchten wollen, und deuten mit den Fersen auf das, was wir am liebsten hinter uns ließen.

Zum Ausprobieren:
Sie sprechen mit einem Kollegen oder einem Kunden, der Ihnen scheinbar aufmerksam zuhört. Tatsächlich ist sein Oberkörper Ihnen zugewendet, der Unterkörper hat sich schon gedreht – und zwar zur Tür. Schauen Sie genau hin: Bewegt er einen Fuß? Und zeigen die Zehen zur Tür? Dann ist er in Wirklichkeit so gut wie weg.

Fußpositionen sind besonders verräterisch, wenn die Beine gekreuzt sind. Zielt der große Zeh des übergeschlagenen Fußes in Ihre Richtung, besteht emotionaler Einklang. Zeigt er jedoch woanders hin, ganz besonders zur Tür, ist die Person schon auf dem Rückzug.

Füße, die ein- oder ausschließen

Hier eine typische Arbeitssituation: Zwei Kollegen unterhalten sich im Flur. Sie möchten irgendwie an dem Gespräch teilnehmen, andererseits aber nicht stören und wissen nicht, ob sie willkommen sind. Was tun? Achten Sie auf die Füße. Zwei Hauptreaktionen sind möglich: Bleiben die Kollegen so, wie sie jetzt stehen, und drehen Ihnen lediglich die Oberkörper zu, wollen sie unter sich sein. Öffnen sie die Fußstellung hingegen, ist Ihre Beteiligung am Gespräch willkommen. Die Füße der Person, die Ihnen am nächsten steht, drehen sich zu Ihnen: Es entsteht eine positive Dreieckssituation.

Füße, die eine Person ausschließen   *Füße, die alle Personen einbeziehen*

Zum Ausprobieren:
Beobachten Sie die Füße einer überschaubaren Gruppe von Menschen. Wer schließt wen ein oder aus? Gibt es eine Dreieckssituation? Eine gemeinsame Mitte? Sind alle einbezogen? Wer ist »in« und wer ist »out«?

Die Beinschranke

Im Rahmen eines Auftrags war ich einmal dabei, Hintergrundinformationen für einen Vortrag über betriebliche Veränderungen zu sammeln. Ich befragte gerade einige Leute aus dem Management-

Team meines Klienten. Mir war klar: Die vorgesehenen Veränderungen würden große Verschiebungen mit sich bringen, vor allem in der Abteilung für Kundenbetreuung. Deshalb fragte ich die Leiterin dieser Abteilung, mit der ich gerade zusammensaß: »Wie gehen Sie mit den Veränderungen um, die hier stattfinden sollen?« Sie antwortete mir: »Kein Problem, von mir aus ist alles klar.« Im gleichen Moment kreuzte sie die Beine fest an den Fußknöcheln. »Sind Sie da ganz sicher?«, hakte ich nach. Sie hielt einen Moment inne, stellte die Beine wieder nebeneinander und räumte ein: »Na ja, in Wirklichkeit mache ich mir große Sorgen, meine gesamte Abteilung könnte outgesourct werden.«

Wer die Beine wie die Glieder einer Kette an den Knöcheln oder Waden ineinander verhakt, hängt ein für alle deutlich sichtbares Schild auf: »Geschlossen!«

Die Füße verraten, wer sich eingeschlossen oder ausgeschlossen fühlt

Als Therapeutin hatte ich es oft mit Menschen zu tun, die mir Informationen verschwiegen. Sie verschränkten die Beine dabei fest an den Knöcheln. Vertrauten sie sich mir dann später doch noch an, öffneten sie auch die Beinschranke, die übrigens oft auch bei nervösen Flugpassagieren beobachtet wird. Personalchefs kennen sie aus Vorstellungsgesprächen, wenn Bewerberinnen oder Bewerber etwas zurückhalten oder unterdrücken. Gewiefte Verhandlungsprofis achten ebenfalls auf dieses Signal, an dem sie häufig ablesen können, ob ihr Gegenpart mit etwas Wichtigem hinter dem Berg hält.

Die Beinschranke findet man aber auch bei Menschen, die nervös sind oder sich bedroht fühlen, zum Beispiel wenn sie im Zahnarztstuhl liegen. Oft senden auch die Füße unterm Konferenztisch eine andere Botschaft aus als der Oberkörper.

Offene und geschlossene Beine

Offene und ungekreuzte Beine zeugen im Allgemeinen von einer aufgeschlossenen, dominanten Haltung, gekreuzte Beine dagegen von einer in sich geschlossenen oder unsicheren Einstellung. Sind wir entspannt, nehmen unsere Beine mehr Platz ein. Die typisch männliche Sitzposition mit breiten Beinen zeugt von einem hohen Wohlfühlfaktor sowie großem Selbstvertrauen. Diese Position ist allerdings nicht nur Männern vorbehalten – Frauen sitzen genauso gern breitbeinig, wenn sie sich sicher und unbeobachtet wähnen. Im Restaurant, besonders im Schutz einer herunterhängenden Tischdecke, bevorzugen beide Geschlechter diese Beinposition.

Beide Positionen verraten Gelassenheit und Selbstvertrauen

Gekreuzte Beine

Es gibt viele Gründe dafür, warum wir die Beine beim Sitzen kreuzen. Oft handelt es sich einfach um die für uns bequemste Haltung. Frauen kreuzen die Beine meistens am Knie, während Männer (aber auch Frauen) die Beine gern ausstrecken und locker am Knöchel kreuzen. Beide Positionen sind stumme Signale für Gelassenheit und Wohlbefinden.

Ein Bein auf dem Oberschenkel des anderen Beins abzulegen und die Knie dabei ganz offen zu halten ist ein sehr raumgreifendes (und typisch männliches) Verhalten. Die Position spricht Bände, zeigt sie doch, dass die betreffende Person sich ihres Platzes auf der Welt (und in der Gruppe) sehr sicher ist.

Geschäftsleute mit einer besonders starken Kämpfernatur kreuzen dagegen die Beine fest miteinander (und verschränken dazu oft auch noch die Arme). Es kann aber auch eine defensive Körperhaltung sein, die vor allem dann eingenommen wird, wenn man zum Zuhören gezwungen wird, sich bedroht fühlt oder ganz anderer Meinung ist.

Weiche Knie

»Mir wurden die Knie weich«, ist alles andere als bloß ein Spruch, sondern die pure Wahrheit. Wenn wir extrem erschrocken, traurig oder verzweifelt sind, geben die Knie nach und können das Körpergewicht nicht mehr halten. Klingelt die Polizei an der Tür, um eine schlechte Nachricht zu überbringen, bittet sie die Betroffenen, erst einmal Platz zu nehmen. Auch im Scherz sagt man, ehe man mit einer großen Neuigkeit herausrückt: »Halt dich fest.« Weiche Knie sprechen eine deutliche Sprache: »Ich kann dem nicht standhalten.«

Gehen

Wie jemand geht, verrät ebenfalls viel über ihn, von großem Selbst-vertrauen bis zur tiefsten Depression. Fühlt man sich niedergeschla-gen, lässt man Kopf und Schultern hängen und schaut zu Boden. Der Gang wirkt träge. Fühlt man sich dagegen gut und zuversicht-lich, ist der Gang ganz anders – gleichmäßig und leicht. Man geht aufrecht durch die Welt, der Kopf ist aufgerichtet, die Arme schwin-gen locker neben dem Körper und alles ist entspannt.

Der frühere US-Präsident Ronald Reagan galt als großes Kom-munikationstalent. Dazu gehörte auf jeden Fall auch seine Körper-sprache. Ein Reporter schrieb über ihn, er würde immer flotten Schrittes aus dem Weißen Haus heraustreten, mit energischen Schritten über den roten Teppich eilen und regelrecht aufs Podium springen. Übersetzt heißt das: »Ich bin voller Energie, ich besitze Autorität, ich packe die Dinge kraftvoll an.«

Ich habe Managerinnen und Manager auf ähnliche Weise in Be-sprechungszimmer kommen sehen. Offensichtlich sind sie auf das gleiche Image aus und wollen gleich von Anfang an klarstellen: »Hier habe ich das Sagen!« Sie brauchen dabei gar nicht das Wort zu ergrei-fen. Ihr selbstsicherer Gang, ihre Ausstrahlung und ihr Stil sprechen für sich.

Dieser Mann ist unterwegs zu wichtigen Taten

Unser Gang wird auch von unserer Herkunft und von unserer Ausbildung beeinflusst. Profitänzerinnen oder Berufssoldatinnen gehen
anders durchs Leben als die meisten anderen Frauen. Doch auch unabhängig vom Beruf und der jeweiligen Kultur gibt es eine Reihe von
allgemeingültigen Signalen, die sich leicht erkennen und deuten lassen. Leute, die schnell gehen, kommen uns kompetent und geschäftig
vor. Geschwindigkeit und Schrittlänge verraten eine gewisse Dring-
lichkeit und ein rascher, federnder Gang vermittelt Selbstbewusstsein
und Zuversicht. Es gibt aber auch hier geschlechtliche Unterschiede:
Männer treten eher mit den Fersen zuerst auf und rollen den Fuß bis
zu den Zehen ab, Frauen landen im Allgemeinen gleich auf dem Vor-
derfuß. Manche Frauen gehen gar ganz auf den Fußballen.

Wie man steht...

Beim Stehen gibt es sechs hauptsächliche Positionen und jede davon
erzählt eine eigene Geschichte.

Habachtstellung: Gerade und mit geschlossenen Beinen stehen Un-
tergebene vor ihren Vorgesetzten. Die Haltung zeugt von Respekt.

Beine breit: Diese Position entspricht der offenen Beinhaltung im
Sitzen. Die Beine sind breit, die Füße stehen fest auf dem Boden.
Eine bevorzugt männliche Position (man denke nur an »Rauchende
Colts«). Die Haltung signalisiert Dominanz und Entschlossenheit.
Werden dazu noch die Hände in die Hüften gestemmt, ist der Inbe-
griff männlicher Power komplett. Das Ganze wirkt kalt, unnahbar,
unnachgiebig.

Gleichmäßig verteiltes Gewicht: Ist man mit sich im Reinen und
fühlt sich wohl, verteilt man das Gewicht gleichmäßig auf beide
Füße. Hier signalisiert die Position: »Ich bin ausgeglichen«, »Ich
stehe mit beiden Beinen fest auf dem Boden«, »Ich weiß, wo ich
stehe«.

Mal links, mal rechts: Wer sich unwohl fühlt oder nervös ist, neigt
zur Unruhe, verlagert das Gewicht von einem Bein aufs andere und

wieder zurück. Manche schaukeln regelrecht vor und zurück – ein Versuch, sich selbst zu beruhigen.

Gekreuzte Beine: Diese Haltung geht oft mit verschränkten Armen einher. Eine weitere geschlossene, abwehrende Position, die aber auch von geringer Selbstachtung zeugen kann. Viele nehmen diese Position ein, wenn sie in einer ihnen fremden Gruppe stehen.

Ein Bein nach vorn: Wird das Gewicht auf eine Hüfte verlegt, kann das andere Bein (mit dem Fuß) nach vorn zeigen – meist nach dort, wohin das größte Interesse gerichtet ist.

Zum Ausprobieren:
Beobachten Sie bei der nächsten geschäftlichen oder privaten Zusammenkunft, wie die Leute dastehen. Können Sie ausmachen, wer sich unbehaglich fühlt und wer neu in der Gruppe ist? (Aller Wahrscheinlichkeit nach haben diese Leute die Beine gekreuzt oder verlagern das Gewicht hin und her). Achten Sie auch darauf, wohin die Fußspitzen zeigen. So können Sie herausfinden, wer in der Gruppe am wichtigsten ist oder die meiste Aufmerksamkeit bekommt – ohne dass überhaupt ein Wort gesprochen werden muss.

Es gibt noch ein weiteres, nicht ganz unwichtiges Fußsignal, das ich bisher außen vor ließ. Jetzt möchte ich es aber doch noch als letzten Hinweis erwähnen, sozusagen aus Menschenfreundlichkeit und als Mahnung, wie wichtig es sein kann, auf die Füße zu achten.

Warme Füße gelten in der Medizin als klares Lebenszeichen, sprechen sie doch für einen starken, intakten Kreislauf. Dies stimmt allerdings nicht immer. Dazu eine Geschichte aus dem Jahr 1899, die uns John Holmes überliefert hat. Er war der Bruder des berühmten amerikanischen Arztes, Poeten und Autoren Oliver Wendell Holmes. John lag einmal so regungslos in seinem Krankenbett, dass die Angehörigen sich ängstlich fragten, ob er vielleicht schon tot sei. Eine Krankenschwester kam und griff, als sie keinen Puls entdecken konnte, nach seinen Füßen.

»Wenn die Füße warm sind, lebt er noch«, sagte sie zu den versammelten Verwandten. »Noch ist keiner mit warmen Füßen gestorben.« Daraufhin bewegte sich der für tot gehaltene John Holmes, der sich seinen Humor offenbar bis zuletzt bewahrt hatte, plötzlich und sagte: »John Rogers schon!«

Alle stutzten. Dazu muss man wissen, dass der englische Theologe und Bibelübersetzer John Rogers 1555 als erster protestantischer Märtyrer unter der Herrschaft der Katholikin Mary Tudor (»Bloody Mary«) ums Leben kam. Seine Füße waren bei seinem Tod tatsächlich äußerst warm: Er wurde auf dem Scheiterhaufen verbrannt.

7 Wohlfühlzonen

Ärgert es Sie, wenn Sie nach kurzer Pause zu einem Meeting zurückkehren und »Ihren« Platz besetzt vorfinden? Stört es Sie, wenn Ihre
Kolleginnen und Kollegen einfach in Ihr Zimmer hereinspazieren,
ohne anzuklopfen? Oder wenn Sie Ihren Chef bei der unangekün-
digten Durchsicht Ihrer Unterlagen überraschen?

Das kennen wir alle. Jeder braucht ein eigenes Territorium und
will es verteidigen. Deshalb spricht man auch von »territorialem Verhalten«. Mit großer Sicherheit ist es uns angeboren. Ja, dieses Verhalten sitzt so tief, dass schon beim zweiten Termin einer Vortragsreihe
erstaunlicherweise (fast) alle Zuhörerinnen und Zuhörer wieder zu
genau denselben »Stammplätzen« zurückkehren.

In diesem Kapitel wollen wir Antworten auf die Frage finden,
welche Botschaften vom jeweiligen »Raumverhalten« unserer Kolleginnen und Kollegen am Arbeitsplatz ausgehen. Wir wollen uns die
Bedeutung der sogenannten »Wohlfühlzone« anschauen – sie bezeichnet die für alle Beteiligten optimale Distanz in verschiedenen
sozialen Situationen. Und wir wollen wissen, warum manche Menschen die damit verbundenen Regeln scheinbar ignorieren, warum
die Sitzplatzverteilung bei geschäftlichen Besprechungen so wichtig
ist und was die Büroeinrichtung über ihre Inhaberin oder ihren In-
haber aussagt.

- »Sie steht mir nahe.«
- »Ich kenne ihn nur aus der Ferne.«
- »Zurücktreten bitte!«
- »Sie hält mich auf Distanz.«

All das sind Alltagssprüche, die uns zeigen, dass nicht nur unsere Gesichter, Hände und Beine etwas zu sagen haben, sondern auch der Raum zwischen uns. *Proxemik* ist das wissenschaftliche Wort für die Lehre vom Raumverhalten. Sie erforscht die nonverbalen Signale, die wir durch das Einnehmen einer bestimmten Distanz zueinander austauschen.

Zum Ausprobieren:
Notieren Sie beim nächsten Meeting, wer neben wem sitzt. In der Regel setzen wir uns nämlich neben die Leute, die wir mögen und mit denen wir inhaltlich übereinstimmen. Gleichzeitig distanzieren wir uns im ganz wörtlichen Sinne von denjenigen, die wir weniger oder gar nicht leiden können.

Verschiedene Zonen der Kommunikation

Einmal beobachtete ich einen Vertreter, der einen Kunden in ein Lokal eingeladen hatten. Schon bei dem allerersten Drink an der Bar war mir klar: Es wird nichts aus dem Deal. Der Vertreter rückte dem Kunden immer näher auf die Pelle und der zog sich langsam, Zentimeter für Zentimeter, weiter zurück. Als er an der Wand angekommen war, entschuldigte er sich und ging telefonieren. Kurz darauf verließ er das Restaurant.

Zu den häufigsten Fehlern bei solchen Begegnungen gehört es, dass man sich falsche Vorstellungen von den Raumbedürfnissen anderer Menschen macht. Die Reaktion auf eine solche Fehleinschätzung kann nämlich sehr heftig ausfallen und einem so manchen Plan durchkreuzen. Der Anthropologe Edward T. Hall war einer der ersten Wissenschaftler, die sich der Proxemik annahmen. (Er erfand auch den Begriff.) Seine wichtigste These lautete, dass unsere Raumbedürfnisse sehr tief sitzen und zum ältesten und damit primitivsten Verhalten der menschlichen Spezies gehören. Dadurch sind wir aber auch durchschaubar – wenn man weiß, worauf es ankommt.

Im Grunde genommen gibt es insgesamt fünf verschiedene Distanzen, in denen wir uns im Umgang mit anderen Menschen am wohlsten fühlen. Man kann sie sich als große, unsichtbare Blasen vorstellen, die uns überall – und deshalb natürlich auch bei der Arbeit – umgeben.

Die Intimzone (0–45 cm): Diese Zone ist der Familie und den von uns geliebten Menschen vorbehalten. Innerhalb dieser Zone umarmen und berühren wir uns oder flüstern uns etwas zu. Die Intimzone ist nur für enge Beziehungen angemessen.

Die persönliche Zone (45–60 cm): Für die meisten von uns ist dies die normale Wohlfühlzone. Wir teilen sie mit unseren Freundinnen und Freunden, der erweiterten Familie und wirklich guten Geschäftsbeziehungen.

Die erweiterte persönliche Zone (60–120 cm): In dieser Zone halten wir im wahrsten Sinne des Wortes eine Armlänge Distanz. Wir können Interesse am anderen zeigen, ohne ihn berühren zu müssen.

Die soziale Zone (120–360 cm): In dieser Zone finden die meisten Geschäftskontakte statt. Hier können wir neue Bekanntschaften schließen und förmlichere Kontakte pflegen.

Die öffentliche Zone (+360 cm): Diese Zone ist bei Auftritten vor Publikum üblich.

Die genannten Zonen sind zwar für uns und andere unsichtbar, was sie aber nicht weniger real macht. Wir fühlen uns unwohl, wenn unsere Grenzen überschritten werden und wir zum Beispiel in einer vollen U-Bahn oder in einem Lift gezwungen sind, fremden Menschen zu nahe zu kommen. Um uns von der unangenehmen Situation zu distanzieren, schauen wir nach vorn oder auf den Boden und vermeiden den direkten Augenkontakt. Dringen Fremde in unsere persönliche Zone ein, weichen wir ein Stück zurück und versuchen, die aus unserer Sicht angemessene Distanz wieder herzustellen.

Welche Distanz zu unseren Mitmenschen wir benötigen, um uns wohlzufühlen, ist allerdings individuell stark unterschiedlich. Menschen, denen Berührungen eher unangenehm sind, gehen stärker »auf Distanz», während andere gezielt Nähe suchen und diese im wahrsten Sinne auch spüren wollen. Außerdem variiert die Distanz je nach Vertrauensverhältnis: Je größer die Zone, desto geringer das gegenseitige Vertrauen.

Weil sie so wichtig sind, deuten wir in die Zonen natürlich auch viel hinein. Sehen wir aus der Ferne zwei Menschen etwa 60 cm voneinander entfernt miteinander sprechen, gehen wir wie selbstverständlich davon aus, dass sie sich gut kennen. Die eingehaltene Distanz wird also zu einem integralen Bestandteil dessen, was wir von ihnen wahrnehmen.

Auch das Geschlecht spielt eine große Rolle. Männer, die sich nicht so gut kennen, halten für gewöhnlich mehr Distanz zueinander, als dies bei Frauen der Fall ist. Diesen Unterschied gibt es sogar auch in virtuellen Welten, zum Beispiel bei »Second Life« oder in anderen sozialen Netzwerken. Es herrschen dort oft erstaunlicherweise dieselben Regeln wie in der realen Welt.

Zum Ausprobieren:
Ob Sie in einem Bürokomplex, in einer Fabrik oder in einem Kaufhaus arbeiten, überall haben Sie Gelegenheit, andere Menschen im beruflichen Gespräch zu beobachten. Achten Sie auf den Abstand, den sie dabei einhalten (oder auch nicht). Stellen Sie Spekulationen über das jeweilige Vertrauensverhältnis und die hierarchische Beziehung an.

Interessanterweise erlauben wir manchen Menschen, näher an uns heranzukommen als anderen. In entsprechenden Studien der University of Arizona stellte sich heraus, dass Menschen mit positiv besetzten Eigenschaften (attraktives Aussehen, gute Kleidung, hoher Status) leichter in die Wohlfühlzonen anderer vordringen können. Auch Menschen, die uns sozusagen von Amts wegen näher kommen

müssen, wie Friseurinnen, Personal-Trainer, Ärztinnen oder Physio-
therapeuten, dürfen schon eher einmal »übergriffig« werden. Eine
zahnmedizinische Fachangestellte sagte mir: »Im Zahnarztstuhl gibt
es keine Regeln mehr. Wenn jemand in einem fremden Mund her-
umwerkelt, werden sämtliche Grenzen ignoriert und übertreten. Es
herrscht die stumme Vereinbarung, dass die üblichen Gesetze vorü-
bergehend außer Kraft gesetzt sind. Ist die eigentliche Behandlung
dann aber beendet und sitzt der Patient wieder aufrecht auf dem
Stuhl, kehrt alles zum Normalen zurück.«

Die geschäftliche Zone

Geschäftsbeziehungen fangen in der Regel in der sozialen Zone an.
Entwickelt sich die Beziehung entsprechend gut und entsteht ein
Vertrauensverhältnis, wird die Distanzregelung oft, wenn auch meist
unbewusst, Stück für Stück aufgeweicht. Dringt allerdings eine Partei zu forsch in die nächste Zone vor, droht die Kommunikation (wie
in dem Eingangsbeispiel mit dem Vertreter und seinem Kunden)
zusammenzubrechen.

Ist uns die Bedeutung der verschiedenen Zonen nicht bewusst,
kann es zu unfreiwilligen Kollisionen kommen. Unbehagen und
Misstrauen können entstehen. Wer sich mächtig fühlt, zeigt sein
Selbstbewusstsein häufig auch durch ein raumgreifendes Verhalten,
was dazu führen kann, dass der andere sich auf unangenehme Weise
eingeengt fühlt.

Allerdings kann es auch vorkommen, dass Menschen *absichtlich*
gegen die Regeln verstoßen, weil sie wollen, dass sich die andere Person unbehaglich fühlt. Bei polizeilichen Vernehmungen wird diese
Strategie bewusst angewendet, indem man sich direkt neben die be-
schuldigte Person setzt und sie auf diese Weise körperlich bedrängt.
Das Eindringen in die persönliche Zone – ohne dass die Person sich
dagegen wehren kann – soll dem Vernehmenden einen psychologi-
schen Vorteil verschaffen.

Eine unsanfte Annäherung

Solche »Drängeleien« kann es natürlich auch im Berufsleben geben. Ich habe schon oft beobachtet, wie Führungskräfte einer Rivalin oder einem Rivalen ganz absichtlich »zu nahe treten«, um damit Verunsicherung auszulösen. Zum distanzlosen Verhalten gegenüber den eigenen Mitarbeiterinnen und Mitarbeitern wiederum neigen manche Führungskräfte, wenn sie meinen, den eigenen Status herauskehren zu müssen.

Unabhängig vom Motiv aber verursacht jeder, der einem anderen unaufgefordert unangenehm nahe kommt, gewisse physiologische Reaktionen. Beim anderen kann sich der Puls erhöhen oder er kommt wortwörtlich ins Schwitzen. Bewährte Gegenmaßnahmen für den Bedrängten sind: Rückzug antreten, vorsichtig wieder mehr Raum gewinnen, sich hinter einer Barriere (Tisch, Stuhl, Tresen) verschanzen, das Kinn zum Brustkorb senken, um das Gesicht zu schützen oder sich am Hals reiben (die Ellenbogen richten sich dann automatisch gegen den Eindringling).

All dies zeigt, dass das Einhalten und Verletzen von Distanz wichtige Konsequenzen hat und wir die damit verbundenen Regeln tunlichst kennen und beherrschen sollten.

Nochmals: Wer unsere unsichtbaren Grenzen verletzt, wird – unabhängig vom Motiv – als aggressiv und unangenehm oder bestenfalls noch als sozial ungeschickt empfunden. Jemandem zu nahe zu kommen ist im Geschäftsleben ein besonders schwerwiegender Fauxpas, der dazu führen kann, dass andere sich in unserer Gegenwart unwohl fühlen und den Rückzug antreten.

Zum Ausprobieren:
Beobachten Sie, wie Sie selbst reagieren, wenn jemand Ihnen zu nahe kommt. Versuchen Sie aber trotzdem auch, hinter seine Motive zu kommen. Will er Sie provozieren? Will er Ihnen mit seinem (echten oder vermeintlichen) Status imponieren? Oder merkt er einfach nicht, was er da tut?

Raum und Status

In beruflichen Situationen ist der zur Verfügung stehende Raum fast immer mit Macht und Status gleichzusetzen. Je höher jemand auf der Karriereleiter klettert, desto mehr Platz kann er für sich beanspruchen: Die wichtigsten Leute haben die größten Büros. Hinweise auf den Status eines Fremden bekommt man schon allein dadurch, wie er auf andere zugeht. Wer an der Tür stehen bleibt, hat einen niedrigeren Status als jemand, der forsch ins Zimmer schreitet. Das funktioniert aber auch umgekehrt: Wir schließen auf einen niedrigeren sozialen Status und ein geringes Selbstvertrauen, wenn jemand besonders viel Distanz hält, und verbinden hohen Status und größere Macht mit Menschen, die sich körperlich näher herantrauen. All das geschieht allerdings in der Regel unbewusst.

Deshalb kann man den eigenen Machtanspruch nonverbal dadurch geltend machen, indem man mehr Raum einnimmt oder für sich beansprucht. Männer (und viele Frauen) mit niedrigerem Status und weniger Selbstbewusstsein ziehen sich zurück: Ihre Papiere, Akten und sonstigen Materialien stapeln sie brav vor sich hin, während ein höherer Status dazu führt, dass Menschen ihre Sachen ausbreiten und damit ihr Revier markieren.

Wir sind dabei, unsere interne Struktur etwas umzumodeln –
bitte alle zwei Plätze nach links!

In einer Gruppensituation sitzt die ranghöchste Person meist am Kopfende (die »pole position«). Wer erst seine Kleidung zurechtzieht und sich übers Haar streicht, ehe er sich setzt, zeigt eine gewisse Unsicherheit oder dass es ihm wichtig ist, wie er sich äußerlich präsentiert. Wichtige Mitarbeiterinnen und Mitarbeiter sitzen meistens rechts von der ranghöchsten Person – hier bewahrheitet sich die alte Redensart von der »rechten Hand des Chefs« (oder natürlich auch »der Chefin«).

Zum Ausprobieren:
Wählen Sie beim nächsten Meeting, für das Sie Verantwortung tragen, je nach Absicht ganz bewusst einen passenden Ort dafür aus. Besprechungszimmer haben oftmals einen großen, viereckigen Tisch, so dass es für die wichtigen Leute feste Plätze gibt, damit sie den Ablauf steuern und dem Ganzen einen formellen und geschäftlichen Touch verleihen können. Wollen Sie dagegen eher die kollegiale Zusammenarbeit betonen, wählen Sie lieber einen Ort ohne die üblichen hierarchischen Merkmale. Vor allem sollten sich die Mitglieder des Teams unter der Vorgabe nicht wie Konkurrenten beim Armdrücken gegenübersitzen. Hier lautet die Regel: Den Wettstreit fördert man durch Gegenüberstellung, die Zusammenarbeit durch einen Arbeitskreis.

Aber meine Damen, meine Herren! Armdrücken hat doch noch nie eine Lösung gebracht!

Bitte Platz nehmen

Wie man zusammensitzt, beeinflusst die Interaktion. Besteht Blickkontakt oder ist dieser blockiert? Können alle die nonverbalen Signale der anderen Teilnehmerinnen und Teilnehmer wahrnehmen? Bestimmte Sitzpositionen können auch zur Macht verhelfen. Wer am Kopfende eines Tisches Platz nimmt, wird beispielsweise häufiger zum Gruppensprecher oder Diskussionsleiter ernannt.

In einem Experiment wurden Studierende an einem Tisch platziert. Die Versuchsleiter hatten es von vornherein so geplant, dass die meisten an der einen Seite des Tisches saßen, an der anderen dagegen nur zwei. Diese beiden Plätze wurden als »visuelles Zentrum« bezeichnet, weil sie direkt im Blickfeld aller anderen Teilnehmernehmerinnen und Teilnehmer lagen. Wie vorausgesagt, bekamen diese beiden dort sitzenden Studierenden im späteren Ratingverfahren die höchsten Noten für ihre Führungsqualitäten.

Allerdings wirft diese Studie mehr Fragen auf, als sie beantwortet. Waren die beiden, die im visuellen Zentrum saßen, womöglich tatsächlich Führungspersönlichkeiten oder war es wirklich nur die Sitzordnung, die sie als solche erscheinen ließ? Benahmen sie sich vielleicht anders, weil sie merkten, dass sie im Zentrum der Aufmerksamkeit saßen? Fühlten sie sich gar verpflichtet, stärker ins Geschehen einzugreifen? Im Nachhinein lässt sich das natürlich schwer ermitteln. Sicher scheint, dass es sich auch für Sie lohnen könnte, beim nächsten Meeting mit der Sitzordnung zu experimentieren und eigene Schlussfolgerungen zu ziehen.

Zum Ausprobieren:
Suchen Sie beim nächsten Arbeitsessen mit einem Geschäftspartner im Lokal einen Tisch aus, an den Sie sich im rechten Winkel zueinander setzen können. Nachweislich beeinflusst diese Anordnung das Gespräch besonders positiv. Studien zeigen, dass wir uns mit anderen insgesamt intensiver austauschen, wenn wir ihnen nicht direkt gegenüber, sondern im rechten Winkel zu ihnen sitzen.

Ich halte öfter Vorträge in größeren Sälen, wo das Publikum wie in einem Theater in Reihen vor mir sitzt. Habe ich jedoch die Wahl (vor allem, wenn das zu erwartende Publikum klein genug ist, sagen wir, unter 300 Personen), bevorzuge ich runde Tische mit sechs bis acht Personen. Ich mag es gern, wenn sich mit dem Publikum ein echter Austausch ergibt. Stehen die Stühle in Reihen, bringen sich die Leute deutlich weniger ein. Die meisten Reaktionen kommen aus den vorderen und mittleren Reihen, und zwar unabhängig davon, ob sie die Plätze selbst ausgesucht oder von anderen zugewiesen bekommen haben. Sitzt das Publikum dagegen an runden Tischen, kann ich (dank der heutigen drahtlosen Mikrofone) viel besser durch den Saal wandern und spontane Reaktionen sammeln.

Zum Ausprobieren:
Soll bei einem Meeting Teamwork gefördert werden, sorgen Sie für einen runden Tisch, damit alle Teilnehmenden in einem Kreis sitzen können. Diese Sitzordnung signalisiert nonverbal die Gleichheit aller Anwesenden und dass niemandem ein höherer Status als den anderen Beteiligten zukomme, was die Kommunikation untereinander enorm erleichtert. Das wusste auch schon der alte König Artus, als er für die Versammlung seiner Ritter einen runden Tisch auswählte.

Barrikaden bauen

Eine weitere Möglichkeit, die Raumaufteilung für nonverbale Zwecke einzusetzen, besteht darin, Barrikaden aufzubauen, hinter denen man sich verstecken oder verschanzen kann. Solche Barrikaden bauen wir vor allem dann auf, wenn uns das Gesagte unangenehm ist, wenn wir das Gefühl haben, zu etwas gezwungen zu werden oder uns aus einem anderen Grund schützen zu müssen.

Einmal coachte ich eine Frau, die sich vor meiner Kritik zu schützen versuchte, indem sie irgendwelche Gegenstände zwischen uns stellte. Solange meine Kommentare zu ihren Führungsqualitäten positiv waren, blieb sie ganz locker. Kam ich jedoch irgendwann auf einen der verbesserungswürdigen Bereiche zu sprechen, fing sie wie auf Befehl an, Dinge vor sich aufzubauen: Kaffeetassen, Bücher, ihre Handtasche – alles, was ihr in die Finger kam.

Büroeinrichtung

Immer wieder fällt mir auf, dass Führungskräfte ihre persönliche Einstellung zur Macht schon dadurch preisgeben, wie sie ihr Büro einrichten. Betritt man ein Büro, in dem es eine Sitzecke gibt (und mag sie auch bloß aus ein paar Stühlen um einen kleinen Tisch bestehen), nimmt man automatisch an, dass die Person, die hier arbeitet, sich gern mit anderen unterhält, und zwar auf lockerere Weise, wie dies vom Bürostuhl hinter einem großen Schreibtisch aus gar nicht möglich ist. Die Einrichtung verrät, dass hier mit Vorliebe informell und kooperativ an Aufgaben herangegangen wird. Fehlt dieses Signal, vermutet man sofort, dass die Person sich lieber hinter ihrem Schreibtisch verschanzt und ihre Gäste auf kleineren (und meist unbequemeren) Stühlen vor dem Schreibtisch Platz nehmen lässt. Damit sagt sie: »Die Macht und die Kontrolle habe hier ich!«

Andererseits gibt es nicht nur Führungskräfte und nicht alle Büros sind überhaupt groß genug, um auch noch eine Sitzecke unterzubringen. Trotzdem strahlt jeder Arbeitsplatz, wie klein auch immer er sein mag, eine einladende oder abweisende Atmosphäre aus, wenn zum Beispiel auch nur dadurch, wie der Besucherstuhl ausgerichtet ist.

Gewiefte Chefs wissen, dass die Anordnung der Büromöbel die Machtverhältnisse widerspiegeln kann. Aus diesem Grund schaffen viele eine lockerere Grundsituation, wenn sie sich mit Partnern, Mitarbeitern oder Kunden treffen. So hat es mir auch ein Fabrikchef einmal erklärt: »Treffe ich mich mit anderen zum ersten Mal, ziehe ich meinen Stuhl auf die andere Seite des Schreibtischs, damit ich direkt neben ihnen sitzen kann. Manchmal sage ich sogar ausdrücklich, dass dies genau das ist, was ich mir für uns vorstelle, nämlich dass wir als Partner Seite an Seite zusammenarbeiten.«

Diese Sitzordnung trennt Menschen

Diese Sitzordnung bringt Menschen zusammen

Ein ganz anderes Bild von sich vermittelt jemand, der vor seinem Schreibtisch einen kleinen Beistelltisch aufstellen lässt, an dem die Mitarbeiterinnen und Mitarbeiter auf Stühlen ohne Armlehnen sitzen müssen, während er es sich im Chefsessel bequem macht. Auf diese Weise stärkt er seine Rolle als einziger Machthaber im Raum. Dazu die Worte eines Mitarbeiters, der unzählige solcher Treffen aushalten musste: »Da saß er nun, lehnte sich cool in seinem großen Ledersessel zurück, während wir aufrecht wie die Erdmännchen am Katzentisch saßen. Wir kamen uns wie Bettler vor, die zum Thron des Königs vorgelassen worden waren.«

Zum Ausprobieren:
Wollen Sie in Ihrem Büro gute Gespräche fördern, lassen Sie nichts zwischen sich und Ihre Gesprächspartner kommen. Kommen Sie hinter Ihrem Schreibtisch hervor und ermöglichen Sie einen echten Dialog auf Augenhöhe. Wer hinter seinem Schreibtisch kleben bleibt, dem ist Kontrolle wichtiger als der Austausch von Ideen und Gedanken.

Arbeitsplatzgestaltung

Wie ein Betrieb das Arbeitsumfeld für seine Mitarbeiterinnen und Mitarbeiter gestaltet, sendet bewusst oder unbewusst nonverbale Signale aus. In manchen Firmen wird das Bürodesign sogar ganz bewusst als Mittel der nonverbalen Kommunikation genutzt. In der europäischen Zentrale von Caterpillar im schweizerischen Genf zum Beispiel trifft man auf Menschen aus aller Welt. So schön dieser Umstand für die weltumspannenden Aktivitäten dieser Firma auch sein mag, für die interne Kommunikation ist er eher hinderlich. Die Mitarbeiter müssen sich mit vielen verschiedenen Sprachen und Kulturen gleichzeitig auseinandersetzen. Wie soll daraus ein Team erwachsen?

Vor einigen Jahren dachte der für die interne Kommunikation bei Caterpillar zuständige Manager Gottardo Bontagnali über diese Frage nach. Dabei fiel ihm die wichtige Rolle ein, die der zentrale Marktplatz – die italienische *piazza* – in südeuropäischen Dörfern und Kleinstädten bis heute spielt. Nicht nur pilgert die Bevölkerung dorthin, um ihre Einkäufe zu tätigen, es ist auch der zentrale Ort der dörflichen Kommunikation. Dort werden Informationen und der neueste Klatsch ausgetauscht, dort entfaltet sich erst das gemeinsame dörfliche Leben.

Und so beschloss Bontagnali, auch in der Genfer Caterpillar-Zentrale eine Art *piazza* zu schaffen, die nach dem Vorbild eines italienischen Dorfplatzes gestaltet sein sollte. Er lud einige örtliche Künstler ein, die Wände der Cafeteria im obersten Stock mit ländlichen Szenen zu bemalen (in denen sich natürlich auch ein paar große, gelbe Caterpillar-Baumaschinen befanden) und dabei auch die Landschaften rund um die vielen anderen Niederlassungen einzubeziehen. Die auf den Bildern dargestellten Menschen waren ausnahmslos Angestellte der Firma. Die Wirkung war verblüffend: Auf dieser *piazza* mit ihren vertrauten Landschaften und Gesichtern fühlten sich alle wohl.

Die gesamte Belegschaft wurde aufgefordert, die *piazza* für informelle Treffen und Diskussionen zu nutzen. »Lasst uns mal darüber auf der *piazza* bei einer Tasse Kaffee diskutieren«, wurde zur ständigen Redensart in der Genfer Zentrale. Und weil die Belegschaft diesen Ort tatsächlich für ihre Treffen nutzte, wurde er schnell zum »Umschlagplatz« für persönliche ebenso wie für geschäftliche Informationen – ein gutes Beispiel dafür, wie eine gelungene Gestaltung gemeinschaftlich genutzter Räume die firmeninterne Kommunikation und das Gemeinschaftsgefühl enorm beflügeln kann.

Ein anderes Beispiel dafür ist die kanadische Werbeagentur Ad-Farm, die in der Gestaltung der Arbeitsplätze die Werte der Firma zum Ausdruck bringt. Art Froehlich, einer der Mitbegründer, erklärt: »Bei uns sitzen die Chefs in fensterlosen Räumen ohne natürliches Licht, die Mitarbeiterinnen und Mitarbeiter dagegen in den hellen Zimmern mit der schönsten Aussicht. Büros in Eckzimmern gibt es bei uns gar nicht – die sind alle zu Besprechungsräumen umfunktioniert. Damit versuchen wir, unseren Leuten die Werte zu vermitteln, für die wir stehen. Und es hat sich gelohnt: Erst kürzlich wurden wir in die Riege der 50 besten Arbeitgeber ganz Kanadas gewählt.«

Räume zu nutzen, zu schaffen und geschickt aufzuteilen – all das spielt, wie wir gesehen haben, im beruflichen Miteinander eine wichtige Rolle.

Seit die ersten Astronauten bzw. Kosmonauten in den Weltraum geschossen wurden, sind viele Jahrzehnte vergangen. Wie damals stehen wir heute an der Schwelle eines neuen »Raumzeitalters«. Münzen Sie es für sich in einen Erfolg um, indem Sie die nonverbalen Botschaften Ihrer Mitmenschen respektieren und richtig deuten. Aus diesem Verständnis heraus können Sie dann für die individuell passenden Wohlfühlzonen sorgen.

8 Die Macht der Berührung

Die Berührung wird oft als ursprünglichste Form der nonverbalen Kommunikation bezeichnet. Schon wenn wir als Säugling das erste Mal gehalten werden, spüren wir sie. Ihre Macht ist so grundlegend, dass klinische Studien an der Mayo Clinic bei Frühgeborenen, die immer wieder liebevoll gestreichelt wurden, ein bis zu 40 Prozent schnelleres Wachstum nachweisen konnten als bei Babys, die nicht so viel berührt wurden. Berührung ist ein integraler Bestandteil menschlicher Beziehungen. Sie sorgt für Wohlgefühl und Geborgenheit.

Im beruflichen Miteinander schafft sie im Handumdrehen gegenseitiges Einverständnis. Schauen wir in diesem Kapitel deshalb, was uns die *Haptik*, wie die Lehre von den *haptischen* (durch Berührung gewonnenen) Wahrnehmungen in der Wissenschaft heißt, zu sagen hat. Wir lernen, warum eine einzige Berührung positive emotionale Reaktionen auslösen kann und wie wir mit gezielt eingesetzten Berührungen Äußerungen betonen und die Aufmerksamkeit unserer Mitmenschen gewinnen können. Wir werden auch sehen, welche Signale uns sagen: »Berühren verboten!«, und wie man allein durchs Händeschütteln einen positiven Eindruck hinterlassen kann.

Stellen Sie sich vor, Sie würden auf dem Boden eine Münze finden und jemand anders würde auf Sie zukommen und behaupten, sie gehöre ihm? Würden Sie ihm die Münze aushändigen? Und wäre es dabei von Belang, ob er kurz Ihren Arm berührt? Die meisten verneinen diese Fragen, auch die zweite. Und doch: In einem von der University of Minnesota durchgeführten Experiment gaben nur

23 Prozent der Versuchspersonen in der Situation überhaupt zu, eine Münze gefunden zu haben. Wurden sie jedoch während der Befragung am Ellenbogen berührt, stieg der Anteil der »Bekenner« auf 68 Prozent. Meist schauten sie dabei etwas verlegen drein und sagten: »Ich wollte mich gerade nach dem Besitzer der Münze umsehen.«

Direkte Berührung

Von Natur aus sind wir so programmiert, dass wir uns Menschen, die uns berühren, näher fühlen. Berührung gibt das Gefühl, miteinander in Verbindung zu stehen. Selbst eine flüchtige Berührung hat sehr viel Macht und kann Menschen zusammenschweißen. Studien zeigen, dass schon eine Armberührung von einer vierzigstel Sekunde Dauer ausreicht, um jemanden in eine bessere Stimmung zu bringen und bei ihm einen netteren und herzlicheren Eindruck zu hinterlassen. Wer berührt wird, empfindet seine Umgebung als freundlicher und angenehmer.

Eine Berührung zum richtigen Zeitpunkt kann sogar Geld einbringen! Studien an der Hotelfachschule der Cornell University zeigten, dass Restaurantgäste, die von der Bedienung kurz berührt wurden, deutlich mehr Trinkgeld gaben. In zwei Restaurants wurde das Personal drei verschiedenen Gruppen von Gästen zugeteilt. Als die Gäste bezahlten, berührte die jeweils zugeteilte Bedienung bei der Rückgabe des Geldes die erste Gruppe gar nicht, die zweite etwa anderthalb Sekunden an der Schulter und die dritte Gruppe zweimal für jeweils etwa eine halbe Sekunde an der Hand. Augenkontakt nahm das Personal in keinem der Fälle auf.

Das Ergebnis war verblüffend deutlich: Gäste, die nicht berührt worden waren, gaben im Durchschnitt zwölf Prozent, die an der Schulter berührten 14 Prozent und die zweimal an der Hand berührten 17 Prozent Trinkgeld.

Zum Ausprobieren:

Falls Sie in der Gastronomie arbeiten, experimentieren Sie ruhig selbst einmal mit dem Berühren – aber nur ganz leicht und kurz, zum Beispiel an der Schulter oder an der Hand. Anschließend vergleichen Sie dann Ihre Erfahrungen mit den weiteren Ergebnissen der Studie:

- Eine leichte Berührung erhöhte das Trinkgeld für Kellnerinnen und Kellner in gleichem Maße.
- Die Erhöhung fiel stärker aus, wenn eine Kellnerin bei einem Paar nur die Frau berührte.
- Bei jüngeren Gästen war der Effekt stärker als bei älteren.

Doch nicht nur in Restaurants reagieren Kunden positiv auf eine freundliche Berührung. Auch in vielen anderen Situationen können sie beeinflusst werden. Werden sie berührt, bleiben Kunden und Kundinnen zum Beispiel länger im Laden, geben mehr Geld aus und bewerten die Einkaufserfahrung insgesamt positiver. Auch bei Proben greifen sie eher zu. Und die Bereitschaft, eine Unterschriftensammlung zu unterschreiben, lässt sich durch eine kurze Berührung ebenfalls erhöhen.

«Ich mache Ihnen einen Vorschlag: Sie kraulen mir den Bauch, dann ist der Deal perfekt!»

Berühren oder nicht berühren, das ist hier die Frage

Bill ist Chef der Marketingabteilung einer großen Telekommunikationsfirma. In Kundengesprächen wendet er gern eine sehr interessante, wirksame und gar nicht so ungewöhnliche Kommunikationsmethode an. Er berührt sein Gegenüber zwischendurch immer mal wieder am Arm, besonders wenn er bestimmte Aussagen betonen will. Zumindest einen Augenblick lang genießt er so die volle Aufmerksamkeit seines Zuhörers. Weil wir andere meist dann berühren, wenn uns etwas wichtig ist (Lügner berühren die Belogenen dagegen äußerst selten!), wirkt sich dies auf unsere Glaubwürdigkeit durchaus günstig aus.

In manchen Kulturkreisen jedoch, zum Beispiel in den USA und in Großbritannien, kommt es in der Kommunikation zwischen Kolleginnen und Kollegen sehr viel seltener zu Körperkontakt als in anderen Ländern. Die Menschen sind dort inzwischen sehr stark auf politische Korrektheit gepolt, um einen falschen Verdacht gar nicht erst aufkommen zu lassen, was die Möglichkeiten der Kommunikation in Hinsicht auf den Körperkontakt durchaus einschränkt. Jemanden als Zeichen der Unterstützung, der Ermutigung, der Zustimmung, der Sympathie oder der Dankbarkeit kurz freundlich zu berühren, ist und bleibt eine herzliche Geste der Zuneigung, die durch nichts zu ersetzen ist.

Dies wurde mir ganz besonders klar, als ich Suzanne coachen sollte. Suzanne leitete die IT-Abteilung einer großen Firma. In Hightech-Dingen kannte sie sich bestens aus, mit der zwischenmenschlichen Kommunikation hatte sie hingegen echt zu kämpfen. Als ich sie bei Gesprächen mit anderen Führungskräften beobachtete, fiel mir auf, dass die anderen sie eher herablassend behandelten. Wie konnte ich ihr helfen, mehr Respekt zu gewinnen? Dann sah ich, wie es ging: Einmal, als ihr besonders viel an dem lag, was sie sagte, beugte sie sich vor und berührte den Arm ihres Kollegen. Es wirkte wie ein Donnerschlag: Der Kollege schaute zu Suzanne auf, als würde er sie zum ersten Mal sehen. Noch wichtiger: Er fing an, ihr zuzuhören.

Zum Ausprobieren:
Versuchen Sie, die Wirkung Ihrer Aussagen durch gelegentliches Berühren zu verstärken. Bleiben Sie dabei aber stets im höflichen und professionellen Rahmen. Beachten Sie außerdem:

- Vergewissern Sie sich, ob es Ihrer Gesprächspartnerin oder Ihrem Gesprächspartner auch recht ist. Manch einer äußert seine Ablehnung, indem er Arme oder Beine kreuzt, einen Schritt zurückweicht oder sich die Jacke fest zuknöpft.
- Beschränken Sie den Kontakt auf Hände, Arme, Schultern oder Rücken. Das Berühren anderer sowie entblößter Körperteile (zum Beispiel bei leichter Bekleidung in den Sommermonaten) kann leicht missverstanden werden und ist im beruflichen Rahmen nicht angebracht.
- »Kurz und leicht« lautet das Motto beim Berühren – nur so lange, wie ein nonverbales Signal gerade eben für seine Wirkung braucht. Danach die Hand sofort wieder zurückziehen.

Wer berührt wen?

Politische und symbolische Botschaften werden oft durch verschiedene Formen der Berührung – und manchmal auch durch ihr Fehlen – zum Ausdruck gebracht. Menschen in besonders gehobener Position zu berühren ist meist verpönt; diese Grenze zu überschreiten gilt als Zeichen des mangelnden Respekts oder gar der Missachtung. So gab es vor einigen Jahren einen regelrechten Aufschrei, als der australische Premierminister Königin Elisabeth II. bei ihrem Besuch in Australien berührte. Während manche dies als Geste der Gastfreundschaft rechtfertigten, sahen andere darin eine Majestätsbeleidigung.

In vielen beruflichen Situationen wird das Berühren unter hierarchischen Gesichtspunkten bewertet. Der Chef klopft seinem Mitarbeiter auf die Schulter, nicht aber umgekehrt. Üblich ist, dass er ihm eine Hand auf die Schulter, den oberen Rücken oder den Arm legt und damit ein Lob unterstreicht. Diese Geste wird in der Regel gern angenommen. Dass der Mitarbeiter sie beim Chef anwendet, kommt eher selten vor.

Wie jede nonverbale Geste lässt sich auch das Berühren als Teil eines Machtspiels einsetzen. Manche verwenden es bewusst als Zeichen der Überlegenheit oder zur Festigung der hierarchischen Hackordnung. Unter solchen Umständen bekommt es rasch einen unangenehm herablassenden Beigeschmack.

Besitzergreifendes Berühren

Berühren kann man im Büro natürlich nicht nur Menschen, sondern auch Gegenstände, vor allem Möbelstücke. Auch das kann unangenehm auffallen. Zum Beispiel kann man sich gegen ein Möbelstück lehnen, um einen gewissen Besitzanspruch zum Ausdruck zu bringen. Gehört dieses Möbelstück (ein Tisch oder Aktenschrank) einem anderen, lässt sich dies als einschüchternde Geste deuten.

Je nach Beziehung kann das Berühren eines fremden Schreibtisches (oder gar das Sitzen darauf) eine Grenzüberschreitung sein

Händeschütteln

Bestimmte Begrüßungsgesten gehen auf die früheste Geschichte der Menschheit zurück. Die meisten sollen wohl zeigen, dass man mit leeren, waffenlosen Händen kommt. In vielen Ländern der Welt bildet das Händeschütteln heute das vorherrschende Begrüßungsritual. Es stellt zwar die formellste und unpersönlichste Form der Berührung dar, ist aber in der Geschäftswelt von großer Bedeutung, vor allem beim ersten Kontakt und nach längerer Abwesenheit.

Auch wenn es nur eine kurze Berührung ist – das Händeschütteln sendet wichtige Botschaften aus

Die körperliche Berührung und die beim Händeschütteln zum Ausdruck gebrachte Herzlichkeit können einen dauerhaften Eindruck hinterlassen. Es kann sogar sein, dass der Verlauf der Begrüßung am stärksten in Erinnerung bleibt. Sinn und Zweck des Händeschüttelns ist der Gruß bei Zusammentreffen und Abschied, die Gratulation oder das Besiegeln einer Vereinbarung. Weil es so wichtig ist, sollte es stets als freundliche, herzliche und aufrichtige Geste herüberkommen. Art und Festigkeit des Drucks, die Dauer sowie die Distanz zwischen den Beteiligten sind die maßgeblichen Faktoren dieser Geste.

Zum Ausprobieren:
Beobachten Sie, wie sich die Menschen in Ihrer Firma in geschäftlichen Situationen die Hände geben. Es gibt das klassische, förmliche Schütteln, bei dem zwei Menschen etwa 60 cm auseinanderstehen und sich die Arme entgegenstrecken. Hat das Verhältnis ein fortgeschrittenes Stadium erreicht, wird die Distanz geringer und die Arme sind nicht mehr gestreckt, sondern am Ellenbogen gebeugt.

Sehr oft werden anhand des Händeschüttelns Urteile über Mitmenschen gefällt. Bei manchen ist der Griff so schwach, dass sie gleich als »untauglich für eine Verkaufsposition« eingestuft werden. Das Gegenteil ist der »Knochenbrecher«-Griff – der Macho lässt grüßen! Er gilt eindeutig als maßlos, einfach »zu viel des Guten«. Doch wie so oft bestätigen auch hier Ausnahmen die Regel: Ich kenne einige knallharte Verhandlungsgenies, die beim Händeschütteln leichter als leicht zufassen. Mit vorschnellen Rückschlüssen auf die Persönlichkeit hinter dem Händegriff sollte man lieber vorsichtig sein.

Dennoch beurteilen wir ständig andere aufgrund ihres Händedrucks. Es folgen daher einige der üblichen Charakterisierungen und ihre Deutungen.

Der tote Fisch: Ein feuchtkalter, schlaffer Händedruck signalisiert: »Ich bin nervös, unsicher oder ängstlich.«

Der Fingerbrecher: Ein zu starker Händedruck vermittelt eine aggressive Botschaft. Nach einer solchen Begrüßung ist man erst einmal vorsichtig und misstrauisch.

Steifer Arm: Streckt jemand den Arm ganz gerade aus, wird beim Händeschütteln automatisch mehr Distanz geschaffen. Wer andere so begrüßt, wirkt distanziert und abweisend.

Der Handschuh: Die typische Geste von Politikerinnen und Politikern. Beide Hände werden ausgestreckt und umschließen die Hand des anderen wie ein Handschuh. Das soll verbindlich wirken, ist aber mittlerweile so weit verbreitet, dass es leicht als berechnende und aufgesetzte Masche empfunden werden kann.

Zum Ausprobieren:
Wenn Sie das nächste Mal jemandem, den Sie gut kennen, die Hand reichen, achten Sie darauf, wie sein Griff ausfällt – Knochenbrecher, kalter Fisch oder Handschuh? Überlegen Sie, wie der Händegriff zur Gesamtpersönlichkeit passt.

Mr. President, darf ich vorstellen: Mr. President

Beide US-Expräsidenten, sowohl George W. Bush als auch Bill Clinton, haben beim Händeschütteln sehr ausgeprägte Eigenarten. Bush stellt sich leicht breitbeinig hin und beugt sich leicht zum anderen nach vorn. Er berührt andere, denen er die Hand schüttelt, auch gern an der Schulter oder am Ellenbogen und lässt die Hand manchmal dort etwas länger verweilen. Clinton wiederum gibt anderen die rechte Hand und berührt dabei mit seiner linken Hand ihren Ellenbogen. Aus beiden Gesten spricht eine gewisse Intimität und Herzlichkeit. Sie wirken beide meist authentischer als der übliche Politiker-Griff.

Darauf geben wir uns die Hand

Man streckt die Hand aus und ergreift eine andere Hand – eine simple, nonverbale Geste, die wir tagein, tagaus austauschen. Damit verbindet sich jedoch die Gelegenheit zu einem bleibenden Eindruck. In einer vom Dachverband der Fachmessen in Auftrag gegebenen Studie stellte sich heraus, dass die Erinnerung an eine Begegnung doppelt so lange im Gedächtnis gespeichert wird, wenn man sich die Hand geschüttelt hat. Nach einer Begrüßung mit Händedruck bleiben sich die Beteiligten darüber hinaus offener und freundlicher verbunden. Auch man selbst strahlt nach einem Händedruck mehr Freundlichkeit und Überzeugungskraft aus.

Hier ein paar Regeln dafür, wie man gleich bei der ersten Berührung einen positiven Eindruck machen kann:

- Schauen Sie Ihrem Gegenüber beim Händedruck direkt in die Augen.
- Lächeln Sie.
- Stehen Sie auf, ehe Sie jemandem die Hand geben.
- Haben Sie die rechte Hand stets zum Händeschütteln frei. Tragen Sie bei einem geschäftlichen Termin alle mitgebrachten Gegenstände – Tasche, Papiere, Zeitung, Getränk, Handy – in der linken Hand, damit die rechte Hand allzeit bereit bleibt.
- Stellen Sie sich nicht schräg, sondern gerade vor Ihr Gegenüber.
- Handfläche sollte auf Handfläche, Daumen auf Daumen treffen. Ohne diesen vollen Kontakt entsteht entsprechenden Studien zufolge das Gefühl, die andere Person würde etwas »verheimlichen«. Das kann zu unterschwelliger Gereiztheit führen und einen geplanten Deal womöglich torpedieren.
- Halten Sie die Hand so, dass die Innenfläche zur Seite schaut. Zeigt die Handfläche nach oben, könnte dies als Zeichen der Unterwürfigkeit interpretiert werden. Zeigt sie nach unten (oder wird sie während des Händedrucks nach unten gedreht), signalisiert das Dominanz. Will man anderen auf Augenhöhe begegnen

und zugleich Selbstbewusstsein ausstrahlen, bietet man am besten die zur Seite gerichtete Handfläche an.

- Der Griff sollte fest sein, besonders bei Frauen. Frauen mit festem Griff hinterlassen einen angenehmen Eindruck und wirken selbstbewusst und positiv.
- Halten Sie die Hand Ihres Gegenübers ein paar Sekundenbruchteile länger als vielleicht sonst üblich fest. Das vermittelt zusätzliche Verbindlichkeit und sichert Ihnen die Aufmerksamkeit der anderen Person beim Austausch der üblichen Grüße.
- Beginnen Sie zu sprechen, ehe Sie die Hand loslassen: »Freut mich, Sie kennenzulernen!« oder »Vielen Dank für die Einladung.«
- Wenn Sie die Hand loslassen, schauen Sie weiterhin geradeaus – nach unten zu schauen könnte als Zeichen der Unterwürfigkeit gedeutet werden.

Wir leben heutzutage in einer Welt voller juristischer Hinterhalte und verklausulierter Vertragsregelungen, in der sich jeder durch unzählige Absicherungen gegen mögliche Schadensersatzansprüche den Rücken freihält. Es gibt aber auch die andere Seite, zum Beispiel die Welt der Diamantenhändler in New York, wo bis zum heutigen Tag die meisten Geschäfte per einfachem Handschlag besiegelt werden. Das muss ein ziemlich gutes Gefühl sein!

9 Körpersprache in verschiedenen Kulturen

Sprechen wir von Kultur, meinen wir die gemeinsamen Werte, die eine Gruppe von Menschen miteinander teilt. Diese Werte beeinflussen, wie die Gruppe denkt und agiert. Wichtiger noch: Sie besagen, welche Kriterien die Gruppe zugrunde legt, wenn sie andere beurteilt. Kulturell bedingt sind zum Beispiel die Definitionen von »normal« oder »richtig«, »unnormal « oder »falsch«. Kulturell bedingt sind aber auch alle möglichen Rituale – von der Begrüßung und verschiedenen Gesten bis zum Raumverhalten und den Regeln, wer wen und unter welchen Umständen berühren darf. Was in einer Kultur erlaubt oder erwünscht ist, kann anderswo verpönt oder gar anstößig sein.

Unsere kulturell bedingten Einstellungen sind uns in der Regel nicht bewusst, da wir sie schon sehr früh, im jüngsten Kindesalter verinnerlichen, lange bevor wir überhaupt darüber nachdenken können. Auch wenn uns manche kulturellen Werte ausdrücklich gelehrt werden, die meisten nehmen wir unbewusst auf. Und genau diese unbewussten Einstellungen sind es, die uns im interkulturellen Austausch gelegentlich Probleme machen.

In diesem Kapitel möchte ich gar nicht erst versuchen, alle möglichen körpersprachlichen Signale auf der ganzen Welt aufzuzählen. Vielmehr möchte ich klar machen, dass hinter all diesen Varianten kulturelle Werte stehen. Deshalb erhalten Sie in diesem Kapitel Einblick in einige grundlegende kulturelle Unterschiede und lernen, welche nonverbalen Signale sich damit verbinden lassen. Sie lernen, wie sich kulturelle Unterschiede im Umgang mit Berührungen und räumlicher Distanz äußern können und wie bestimmte Kulturen, die auf den Kontext großen Wert legen, sich im Hinblick auf das Verhalten im Geschäftsleben von solchen Kulturen unterscheiden, die eher die Inhalte betonen. Sie erfahren aber auch, warum das Zeigen von Gefühlen am Arbeitsplatz in sogenannten affektiven und neutralen Kulturen jeweils ganz anders wirkt. Und schließlich lernen Sie, warum bestimmte Gesten, die Sie als harmlos empfinden, Sie in anderen Ländern in Teufels Küche bringen können. Je nach Kultur können nonverbale Signale wie verschiedene Begrüßungsgesten, Augenkontakt und Kopfnicken Unterschiedliches bedeuten.

Unterschiede und Gemeinsamkeiten

Es gibt es zwei Arten von Körpersignalen: erlernte und angeborene. *Erlernte Gesten* entstehen in der jeweiligen kulturellen Umgebung und können deshalb je nach Kultur etwas anderes bedeuten. Zum Beispiel winkt man in europäischen Ländern zur Begrüßung und zum Abschied, indem man die Handfläche hebt. Arm und Hand bleiben unbeweglich und nur die Finger bewegen sich auf und ab. In Nordamerika dagegen wird die Hand von einer Seite zur anderen bewegt – was wiederum in europäischen Mittelmeerländern und in Südamerika meist »nein« bedeutet. In Peru wiederum sagt man mit dieser Geste: »Komm doch her.« In Griechenland aber wird sie *moutza* genannt und als schwerwiegende Beleidigung aufgefasst – je näher die Hand dem Gesicht des anderen kommt, desto schlimmer.

Erlernte Gesten sind Ausdruck unserer kulturellen Unterschiede, *angeborene Gesten* dagegen zeigen unsere *instinktive* Körpersprache. Das Heben der Augenbrauen beispielsweise ist so ein universelles Zeichen. Überall auf der Welt heben Menschen die Augenbrauen und kräuseln die Stirn, wenn sie anderen begegnen. Man denke an die sechs bereits angesprochenen universellen Gesichtsausdrücke: Freude, Trauer, Überraschung, Angst, Ekel/Verachtung, Wut.

Je weiter man sich in die Materie vertieft, desto mehr geht einem auf, wie viel wir Menschen miteinander eigentlich gemeinsam haben. Andererseits bleiben wir Individuen, und selbst innerhalb eines Kulturkreises werden nur selten zwei Menschen auf genau die gleiche Art und Weise reagieren. Verallgemeinerungen haben nur insofern eine Berechtigung, als sie uns Hinweise darauf geben, welche Verhaltensweisen uns im Umgang mit einer fremden Kultur *wahrscheinlich* begegnen werden.

Zum Ausprobieren:
Wenn Sie sich auf eine Geschäftsreise ins Ausland vorbereiten, ist eine Beschäftigung mit der Sie dort erwartenden Kultur sehr sinnvoll. Bleiben Sie jedoch kritisch im Umgang mit Büchern und Prospekten, die zu Verallgemeinerungen und Stereotypen neigen. Man muss bereit sein, sich den Gepflogenheiten anzupassen. Das bedeutet: wachsam bleiben, aufmerksam beobachten und das Gesehene behutsam imitieren.

Globale Benimmregeln

Einmal erhielt ich einen Anruf von einer großen Pharmafirma mit der Bitte, einen Vortrag über Umgangsformen im globalen Geschäftsleben zu halten. »Und was ganz wichtig ist: Denken Sie bitte nicht, dass das, was Sie zu erzählen haben, für uns zu einfach ist – wir können jede erdenkliche Hilfe gebrauchen!«

Die Globalisierung im modernen Geschäftslebens ist zu einer Tatsache geworden, der sichere Umgang mit Mitgliedern anderer Kulturen eine notwendige Voraussetzung. Alle wollen am globalen Markt teilnehmen, kaum jemand kommt noch ohne internationale Kontakte oder gar ohne ein internationales Team aus. Da gibt es in der Tat für viele von uns einiges zu lernen.

» Wir tun uns schwer mit der Anpassung an die globale Wirtschaft.
Aber gestern war ich mexikanisch essen und heute geht's zum Chinesen.
Immerhin ein Anfang!«

Ein gutes Beispiel ist eine amerikanische Stadt, die eine Gruppe japanischer Geschäftsleute zu sich eingeladen hatte. Die lokale Handelskammer bestritt das Abendessen für die Besucher aus Japan, die immerhin die Errichtung einer neuen Fabrik in der Stadt erwogen. Alles war gut vorbereitet – und doch ließen die kulturellen Fauxpas nicht lange auf sich warten. Der Präsident der Handelskammer ging auf den Chef der japanischen Abgesandten zu und schob ihm die Hand entgegen, woraufhin der Japaner sich verbeugte. Also beeilte sich der Handelskammer-Präsident, sich ebenfalls zu verbeugen, während der Japaner nun ihm die Hand entgegenstreckte. Einige quälend lange Minuten ging das weiter so hin und her.

Doch dann kam es noch schlimmer.

Als alle zum Essen Platz genommen hatten, wurden die Geschenke für die Besucher geöffnet: kunstvoll gefertigte Taschenmesser, jeweils mit dem Namen der japanischen Firma versehen. Leider war offenbar niemandem bekannt, dass Messer in Japan mit Selbstmord assoziiert werden. Mit ihren Präsenten war es den Offiziellen der Stadt gelungen, jeden einzelnen Gast zu beleidigen – und das ohne ein Wort zu sagen!

Zum Ausprobieren:
Eine sinnvolle Vorbereitung jeder Geschäftsreise ins Ausland kann darin bestehen, eine Liste aller nonverbalen Signale zusammenzustellen, die bei solchen Gelegenheiten in Ihrem eigenen Land zur Anwendung kommen. Dazu könnte gehören:»dem anderen in die Augen schauen«,»fest die Hände schütteln«,»sich nicht aufdrängen« und so weiter. Dabei geht es nicht darum, diese Regeln als gut oder schlecht zu bewerten, sondern nur darum, die Gepflogenheiten zu beschreiben.
Erst dann sollte man ein wenig Recherche betreiben, um herauszufinden, wie diese Gesten im Gastland gedeutet werden könnten.

»Kontaktreiche« und »kontaktarme« Kulturen

Kulturen lassen sich nach den verschiedensten Kriterien einteilen. Ein bekanntes (und für viele Geschäftsleute wichtiges) Kriterium ist das Ausmaß an Körperkontakt, das als »normal« oder »angemessen« gilt. Mein erster Besuch in Südamerika öffnete mir die Augen dafür, welche Stolperfallen in diesem Bereich auf uns lauern können.

Ich sollte damals bei einem Kongress in Venezuela sprechen. Miguel, der meinen Besuch im Vorfeld organisiert hatte, kannte mich bis dahin nur durch E-Mails und Telefonate. Am Flughafen erwartete er mich freudig winkend, begrüßte mich mit einem weichen Händedruck, einer leichten Umarmung und einem Kuss auf die Wange. Anschließend gingen wir zu dem Auto, das samt Fahrer draußen auf uns wartete. Dabei blieb Miguel stets an meiner Seite und legte seine Hand auf meine Schulter. Im Auto nahmen wir beide auf dem Rücksitz Platz und während wir den Kongress besprachen, rückte er nah an mich heran und legte mehrmals seine Hand auf meinen Arm.

Wie hätten Sie auf diese Begegnung reagiert? Wie sollte ich seine nonverbalen Signale deuten?

Die »richtige« Antwort auf diese Frage hängt natürlich davon ab, welche kulturellen Standards man zugrunde legt und was diese über das übliche Maß an Körperkontakt in der jeweiligen Kultur aussagen. Im Allgemeinen besteht in den sogenannten »kontaktreichen« Kulturen – wie Frankreich, Südamerika, Israel, Griechenland und Saudi Arabien – viel mehr Körperkontakt als in »kontaktlosen« Kulturen wie Deutschland, Großbritannien, Japan und Nordamerika. In vielen Fällen kann man dort ohne weiteres den Arm oder die Schulter des Gesprächspartners berühren, um eine Aussage zu betonen – auf diese Weise fördert man das Vertrauen und die Akzeptanz. In anderen Kulturen dagegen werden dieselben Verhaltensweisen als übertrieben, unangemessen oder gar als sexuelle Belästigung empfunden.

Solche Unterschiede zeigten sich deutlich in einer Studie, in der man Gespräche in Cafés in Miami, London und San Juan unter die Lupe nahm. Aufgezeichnet wurde die Anzahl der gegenseitigen Berührungen. Die Resultate waren verblüffend und reichten von 189 Berührungen pro Stunde in San Juan zu lediglich 2 in Miami. Und wie viele gab es in der gleichen Zeit in London? Gar keine.

Was also soll man bei geschäftlichen Begegnungen in »kontaktreichen« Kulturen erwarten? Vor allem, dass einem manche Personen näher kommen, als man dies von zu Hause gewohnt ist. Der mexikanische Kollege hält nach einer langen und erfolgreichen Besprechung eine Umarmung für »normal«. Das Gleiche gilt für einen osteuropäischen Kollegen, der sich vielleicht sogar zu einer fast ungestümen Umarmung hinreißen lässt – und einen dreimal abwechselnd auf beide Wangen küsst. In Indien dagegen sollte man eher mit einem freundlichen Klaps auf den Rücken rechnen.

Im Prinzip muss man sich auf alles Mögliche gefasst machen. Menschen sind sehr verschieden, selbst innerhalb einer Kultur. Auch in kontaktfreudigen Kulturen gibt es durchaus Unterschiede. So ist es beispielsweise in arabischen Ländern nicht ungewöhnlich, dass zwei Angehörige desselben Geschlechts sich einen Kuss auf die

Wange geben oder Hand in Hand die Straße hinunterschlendern. Angehörige unterschiedlicher Geschlechter dagegen berühren sich dort in der Öffentlichkeit nie.

Unterschiedliches Raumverhalten

Unterschiede zwischen den Kulturen werden besonders durch die körperliche Distanz bei Gesprächen sichtbar. In manchen Kulturen herrscht große Zurückhaltung – in der Regel werden nur die Hände geschüttelt und die Visitenkarten ausgetauscht. In den USA stehen Geschäftsleute beim ersten Kennenlernen meist etwa 1,20 bis 2,20 Meter auseinander. In anderen Teilen der Welt kann diese Distanz leicht auf die Hälfte – oder noch weniger – schrumpfen. Es gibt sogar Länder, in denen sie fast auf null geht – man greift den Arm des Gegenübers, umfasst den Aufschlag seiner Jacke oder umarmt sich leicht beim geschäftlichen Gespräch.

Einmal war ich Zeugin einer Unterredung zwischen einem Spanier und einem Engländer. Letzterer wurde dabei regelrecht durch den ganzen Raum getrieben: Während die beiden sich unterhielten, bewegte sich der Spanier immer näher auf seinen englischen Kollegen zu, bis nur noch wenige Zentimeter die beiden trennten. Der Engländer wich daraufhin einen Schritt zurück, um sich mehr Raum zu verschaffen. Das wiederum veranlasste den Spanier, erneut auf ihn zuzugehen. Und so zog sich dieser interkulturelle Tango über längere Zeit hin. Amüsant fand ich das Ganze auch deswegen, weil die beiden so ins Gespräch vertieft waren, dass sie von dem Tanz, den sie da aufführten, selbst gar nichts zu merken schienen.

Als Grundregel lässt sich sagen, dass Menschen aus südländischen Kulturen auch bei geschäftlichen Begegnungen mehr Nähe suchen als ihre Kolleginnen und Kollegen aus dem Norden. In Mittel- und Südamerika fühlen sie sich erst wohl, wenn sie ganz nah beieinander stehen, in Skandinavien ist es genau umgekehrt. Nordamerikaner liegen dazwischen: Sie halten mehr Distanz als die Menschen in Lateinamerika und in den arabischen Ländern, brauchen aber weniger Distanz als die Menschen in Asien oder in manchen nordeuropäischen Ländern. Diese Unterschiede sollte man kennen, um unangenehme Situationen zu vermeiden, sei es, weil man als distanziert und unnahbar oder als aufdringlich und penetrant empfunden wird.

»Kontextbetonte« oder »inhaltsbetonte« Kulturen

In den sogenannten »kontextbetonten« Kulturen (Mittelmeerländer, slawische Kulturen, Lateinamerika, Afrika, arabische Länder, Asien, indigene Völker Nordamerikas) bleibt vieles im Ungefähren: Die Bedeutung des Gesagten ergibt sich erst durch die Beziehung der Gesprächspartner, die von beiden Seiten ausgesandten nonverbalen Signale und die Bedeutung »zwischen den Zeilen«. Auf der anderen Seite des Spektrums stehen die sogenannten »inhaltsbetonten« Kulturen (die meisten deutsch- und englischsprachigen Länder), die Wert auf klare und eindeutige Aussagen legen. Kontextbetonte Kulturen suchen die Bedeutung in dem nicht ausdrücklich Gesagten – in der Körpersprache, in Pausen und Betonungen, in Beziehungen und gegenseitigen Sympathien. Inhaltsbetonte Kulturen setzen auf die direkte Übermittlung präziser Botschaften, ob in gesprochener oder schriftlicher Form.

Mitglieder kontextbetonter Kulturen empfinden persönliche Bindungen und informelle Einigungen als bindend und geben diesen oft sogar den Vorrang vor formellen Vereinbarungen! Mitglieder inhaltsbedingter Kulturen dagegen betrachten einen Handel erst dann als abgeschlossen, wenn alle Beteiligten einen Vertrag unterschrieben haben. Und genau darin liegt dann auch meist das Konfliktpotenzial.

Als Lee Iacocca Ford-Chef war, wollte er Ferrari kaufen. Seine Leute besuchten Enzo Ferrari und erreichten mit ihm sogar ein Einverständnis: Ford sollte die Produktion von Ferrari kaufen. Besiegelt wurde das per Handschlag. Kurz darauf reisten die Ford-Anwälte mit ihren langen Verträgen an und brachten auch gleich ein paar Buchhalter mit, die eine Inventur durchführen wollten. Für die Amerikaner war es »das übliche Verfahren« – für Enzo Ferrari war es eine Beleidigung. Hatte er nicht sein Wort als Gentleman gegeben? Was sollte das mit den Anwälten und Buchhaltern? Der Deal platzte.

Für jemanden, der aus einer inhaltsbetonten Kultur stammt, ist und bleibt es schwierig zu verstehen, welchen Wert Menschen aus kontextbetonten Kulturen auf den Aufbau und die Pflege persönlicher Beziehungen legen. Das musste auch ein Offizier der amerikanischen Luftwaffe im Nahen Osten erleben: »Einmal nahm der scheidende Chef der Truppe seinen Nachfolger zu einem Treffen mit einer wichtigen Kontaktperson mit. Ich konnte kaum zuschauen und war entsetzt, wie der neue Mann innerhalb weniger Sekunden die Arbeit eines ganzen Jahres kaputt machte. Zweifellos wollte er einen guten Eindruck machen und sich als dynamischen Jungmanager einführen, als er ungestüm ins Büro des Verbindungsmanns stürmte und ihm mit seinem festen Handgriff fast die Knochen brach. In Wirklichkeit hatte er eine sehr sensible Beziehung zerstört.«

Man könnte die kulturellen Unterschiede in diesem Bereich aber auch anders sehen: In der westlichen, industrialisierten Welt hängt vieles von der Technik ab, man verlässt sich auf das geschriebene Wort viel stärker als auf die persönlichen Begegnungen. In den USA, Kanada und Skandinavien ist das ganz sicher der Fall. In Japan allerdings, wo die neuesten Technologien ebenso zu Hause sind, legt man immer noch viel Wert auf die persönliche Kommunikation. Es stellt sich also heraus, dass keineswegs der Grad der Industrialisierung ausschlaggebend ist. Viel wichtiger ist, ob die Kultur von Haus aus – also geschichtlich gesehen – den Kontext oder den Inhalt betont.

»Affektbetonte« und »affektneutrale« Kulturen

Wild gestikulierend, bezeichnete ein italienischer Manager seinen niederländischen Gegenpart als »verrückt«. Woraufhin der Holländer fragte: »Was meinen Sie mit verrückt? Ich habe alle Faktoren berücksichtigt und denke doch, was ich Ihnen vorschlage, ist machbar und rentabel. Und überhaupt – beruhigen Sie sich bitte! Wir müssen das ganz kühl analysieren und können uns so ein theatralisches Getue nicht erlauben!« Der Italiener warf daraufhin die Hände in die Luft und verließ den Raum.

In internationalen Geschäftsbegegnungen spielen sowohl die Vernunft als auch die Emotionen eine Rolle. Welche der beiden die Oberhand gewinnt, hängt im Wesentlichen davon ab, ob wir eher *affektiv* veranlagt sind (also leicht Emotionen zeigen) oder zu einer eher *neutralen* Herangehensweise neigen. Mitglieder »affektneutraler« Kulturen lassen nicht ständig ihre Gefühle erkennen, sondern halten durch ein relativ hohes Maß an Selbstbeherrschung damit hinter dem Berg. Menschen aus »affektbetonten« Kulturen dagegen zeigen gern ihre Gefühle – sie lachen, lächeln, schneiden Grimassen, weinen, schreien … Und manchmal werfen sie einfach die Hände in die Luft und schreiten aus dem Raum.

Das heißt natürlich nicht, dass Mitglieder affektneutraler Kulturen kaltherzig oder gefühllos sind. In ihren geschäftlichen Beziehungen legen sie jedoch großen Wert darauf, ihre Gefühle unter Kontrolle zu halten und vor Fremden zu verbergen. Studien mit Menschen, die sich bei der Arbeit über etwas aufgeregt haben, zeigen, dass sie mit ihrem Ärger sehr unterschiedlich umgehen. Das Zeigen von Gefühlen wird am wenigsten in Japan, Indonesien, Großbritannien, Norwegen und in den Niederlanden akzeptiert, während es in Italien, Frankreich, den USA und Singapur am ehesten erlaubt ist.

Menschen aus eher affektneutralen Kulturen halten die Zurschaustellung von Gefühlen wie Ärger und Freude am Arbeitsplatz für unangemessen und unprofessionell. Und Menschen aus eher affektbetonten Kulturen halten ihre beherrschten Kolleginnen und Kollegen für emotionale Krüppel – oder schlimmer noch: für unehrlich und verschlagen. In Wirklichkeit ist die eine wie die andere Methode weder gut noch böse, sondern einfach anders.

Wichtige Gesten in verschiedenen Kulturen

Eine aufmerksame Wahrnehmung ist das Herzstück jeder erfolgreichen Kommunikation. Tatsache ist, dass wir einander häufig missverstehen, selbst dann, wenn wir aus derselben oder einer ähnlichen Kultur stammen. Und natürlich verkompliziert sich das Ganze, wenn wir mit Menschen umgehen, deren Werte und kulturellen Vorprägungen wir nicht teilen.

Auf der ganzen Welt verwenden Menschen nonverbale Signale, um unausgesprochene Botschaften zu übermitteln. Allerdings gibt es von Kultur zu Kultur unterschiedlichen Auffassungen darüber, was dabei erlaubt, angemessen oder »richtig« ist. Selbst die harmloseste Geste kann, wenn sie missverstanden wird, einen wichtigen Deal zum Platzen bringen. In den folgenden Absätzen finden Sie einige Beispiele zu wichtigen Themen (Begrüßung, Kopfnicken, Gesten und Augenkontakt), die bei interkulturellen Begegnungen eine Rolle spielen können.

Begrüßung: Die weltweit häufigste Begrüßung unter Geschäftsleuten ist sicherlich nach wie vor das Händeschütteln – auch wenn es dabei einige wichtige Abweichungen gibt. In den USA zum Beispiel wird dieses Ritual ausgiebig zelebriert: Ein fester Händedruck ist wichtig und man hebt und senkt mehrmals den Arm (das Ganze soll schließlich Dynamik und Zuversicht ausstrahlen). In Großbritannien dagegen wird der Arm maximal drei- bis fünfmal gehoben, in Deutschland oder Frankreich lediglich ein- bis zweimal, und das ohne festen Druck. In Asien wird beim Händeschütteln eher kaum gedrückt und in Lateinamerika ist der Händedruck zwar ebenfalls nicht fest, dauert aber länger. Die Hand zu schnell wieder wegzuziehen hieße, den anderen beleidigen.

Die nonverbale Begrüßung fällt je nach Land unterschiedlich aus

In manchen Ländern kommt zur üblichen Begrüßung noch das »Küsschen«. In Skandinavien gibt man sich mit einem Kuss zufrieden, während in Frankreich und Spanien der Doppelkuss, das heißt der Kuss auf beide Wangen, bevorzugt wird. In den Niederlanden, in der Schweiz, in Belgien und in den arabischen Ländern geht man aufs Ganze und will dreimal küssen. In der Türkei dagegen küsst eine deutlich jüngere Person der älteren die Hand und drückt diese gegen den Kopf als Zeichen des Respekts.

Aber auch zum Händeschütteln gibt es Alternativen. In Japan und Korea verbeugt man sich voreinander und in Indien legt man die Handinnenflächen vor der Brust zum *namaste* (Gebetshaltung) zusammen. In arabischen und islamischen Ländern heißt die traditionelle Begrüßung *salaam*. Dabei wird die eigene Herzgegend mit der rechten Handinnenfläche berührt und der Unterarm anschließend in einer ausladenden Bewegung nach oben und vom Körper weg bewegt.

Zum Ausprobieren:

Sie kennen das: Bei Begrüßungen werden oft Visitenkarten ausgetauscht. Wie läuft dieses Ritual aber in Asien ab? Stellen Sie sich vor,
Sie wären dort. Wie würden Sie sich im Hinblick auf die Visitenkarte
verhalten?

In Asien hält man die Karten wie jedes Geschenk grundsätzlich mit
beiden Händen. Die Reihenfolge des Überreichens richtet sich nach
dem Lebensalter (Senioritätsprinzip). Bekommt man von einem asiatischen Geschäftspartner eine Karte überreicht, sollte man sie auf
jeden Fall erst einmal ein paar Sekunden studieren, ehe man sie res-
pektvoll bei seinen Sachen verstaut. Mit den Karten anders als pfleg-
lich umzugehen (zum Beispiel durch Knicken, Falten oder Abreißen),
gilt im Übrigen als schwere Beleidigung.

*In den meisten asiatischen Ländern werden Visitenkarten mit beiden
Händen überreicht und entgegengenommen*

Kopfnicken – ja und nein: Eine kanadische Geschäftsfrau fragte in Indien bei der Rezeption eines Hotels nach einer Transportmöglichkeit zu einem Meeting: »Haben Sie einen Fahrdienst, den Sie mir empfehlen können?« Der Mann hinter dem Tresen schüttelte den Kopf. »Gibt es dann wenigstens Taxen vor dem Haus?« Wieder schüttelte der Mann den Kopf. »Wie soll ich denn dann hinkommen?«, fragte die Frau verzweifelt. »Wie Sie wollen!«, antwortete der Mann gelassen und schüttelte dabei weiter seinen Kopf.

In den meisten Teilen der Welt heißt das Kopfnicken (auf und ab) »Ja« und das Kopfschütteln (zu beiden Seiten) »Nein«. In Indien kann das Kopfschütteln jedoch sowohl »Ja« als auch »Nein« bedeuten. Für Menschen aus anderen Kulturkreisen kann dies äußerst verwirrend sein.

In Bulgarien wäre die kanadische Dame dann womöglich völlig durcheinander geraten, denn dort wird zu »Nein« genickt und zu »Ja« der Kopf geschüttelt. Auch in Japan gibt es eine Besonderheit: Das Kopfnicken bedeutet nicht unbedingt Zustimmung; häufig heißt es lediglich, dass der andere die Botschaft verstanden hat.

Augenkontakt: Auch die Regeln beim Augenkontakt variieren von Kultur zu Kultur. In Finnland und Frankreich erwartet man den direkten Augenkontakt, während die Japaner und Südkoreaner ihn eher meiden, weil er als unhöflich und bedrohlich gilt. In den USA dauert der Augenkontakt wenige Sekundenbruchteile, während er in Italien, Spanien und anderen südeuropäischen Ländern durchaus viel länger anhalten kann. In Lateinamerika sowie in Teilen Afrikas kommt es auf die Rangordnung an: Langer Augenkontakt wird bei einer Person »niedrigeren Ranges« als respektlos empfunden. In den USA lernt man früh, einen Gesprächspartner direkt anzuschauen, während man in anderen Kulturen als Zeichen des Respekts eher wegschauen soll. In ganz Südostasien sollte man längeren Augenkontakt lieber vermeiden, bis die Beziehung sich gefestigt hat.

Doch selbst in England und in den USA – zwei Ländern, deren nonverbale Signale sich oft ähneln, ist man offenbar nicht immer bereit, sich in die Augen zu schauen. Entsprechende Studien zeigen, dass Missverständnisse zwischen Briten und US-Amerikanern vor allem dadurch entstehen, dass sie nicht sicher sind, ob sie sich nun *wirklich* verstanden haben. Als Hauptproblem erwies sich dabei der Augenkontakt: In England lernt man genau aufzupassen, den Augenkontakt zu halten und zuzuhören – und zu blinzeln, um zu zeigen, dass man alles verstanden hat. In den USA dagegen wird Kindern von früh auf eingeschärft, dass es unhöflich sei, jemanden zu intensiv »anzustarren«.

Handsignale: Mit den Händen zu sprechen ist vor allem dann erlaubt, wenn man weiß, was sie sagen. Gesten sind in allen Kulturen wichtige Signale und offenbar sind sie sogar leichter zu erlernen als die eigentliche Sprache. Nur die Bedeutung einer Geste kann sehr unterschiedlich ausfallen.

Jemanden in China, Taiwan, Korea, Japan oder auf den Philippinen herbeizurufen geht so: Man hält die Hand mit der Handfläche nach unten und bewegt die Finger so, als würde man kratzen. Die uns vertrautere Geste – die Handfläche zeigt nach oben und der Zeigefinger beugt sich zum eigenen Körper – wird dort nur bei Tieren angewandt.

Das »Daumen hoch«-Zeichen, das in Nordamerika (und in vielen anderen Ländern) als »alles klar« oder »gut gemacht« verstanden wird, gilt anderswo (zum Beispiel in Australien und Nigeria) als Beleidigung. In Deutschland wiederum kann das Zeichen schlicht bedeuten: »Ein Bier, bitte!«

In manchen Kulturen legt man den Zeigefinger an den Nasenflügel, um den Wunsch nach Diskretion und Verschwiegenheit zum Ausdruck zu bringen. In Großbritannien, den Niederlanden und in Österreich heißt diese Geste allerdings etwas ganz anderes: »Kümmern Sie sich um Ihren eigenen Kram!«

Das bekannte V-Zeichen (»Victory«) wird in den angelsächsischen Ländern zum erfolgreichen Abschluss von Verhandlungen verwendet. Ist dabei aber die Rückseite der Hand nach außen gedreht, kommt bei Menschen aus Großbritannien, Australien und Neuseeland eine ganz andere, eher beleidigende Nachricht an.

Werden Zeige- und Mittelfinger gekreuzt, soll das in Großbritannien und in den USA Glück bringen und in Deutschland als »Blitzableiter« nicht ganz wahrheitsgemäße Aussagen erden. In der Türkei dagegen wird es verwendet, um eine Freundschaft aufzukündigen. In manchen Ländern kommt diese Geste auch als Zeichen des Schwurs vor – oder als Andeutung des Geschlechtsverkehrs.

Mit einem an den Backenknochen gelegten Zeigefinger am unteren Augenlid zu ziehen heißt in Frankreich, Deutschland, den slawischen Ländern und der Türkei: »Ich bin ganz wach!«, in Spanien und Italien dagegen: »Bleib wachsam!« In Österreich signalisiert es Langeweile. In Saudi Arabien deutet das Berühren des unteren Augenlids mit dem Zeigefinger Dummheit an.

Selbst das »okay«-Zeichen (Daumen und Zeigefinger formen einen Ring), in den USA ein allgemeines Signal der Zustimmung, hat anderswo ganz andere Bedeutungen: In Frankreich heißt es »null«, in Japan steht es für Geld und in Brasilien gilt es als vulgäre Anspielung.

Die Globalisierung bringt Menschen und Firmen aus ganz unterschiedlichen Erdteilen zusammen, um Geschäfte miteinander abzuschließen. Dabei entsteht die dringende Notwendigkeit, aufeinander Rücksicht zu nehmen. Wer, ohne auf die Empfindlichkeiten des anderen zu achten, verhandelt und agiert, wird früher oder später in ein Fettnäpfchen treten und auf dem internationalen Parkett geschäftlich nicht erfolgreich sein.

Überall auf der Welt machen Menschen am liebsten mit denen Geschäfte, die ihnen sympathisch sind und in deren Gegenwart sie sich wohlfühlen. Auch wenn es sicherlich zu viel erwartet wäre, dass man alle rund um den Globus verwendeten nonverbalen Signale auswendig lernt, ist doch wichtig, dass man auf andere Kulturen immer neugierig bleibt – und einen tiefen Respekt für die Vielzahl der Unterschiede entwickelt. Das wäre jedenfalls höflich, und Höflichkeit ist bekanntlich die Basis jedes guten Geschäfts.

10 Einen guten Eindruck machen

Im Vorfeld war mir gesagt worden, dass Paul, ein leitender Manager, den ich coachen sollte, ein schlechter Kommunikator sei. Ich beobachtete ihn eine Weile bei einer Führungskonferenz und musste feststellen: An der Aussage war einiges dran. Doch nicht seine Worte waren schuld daran – sie waren gut gewählt und gut einstudiert. Seine nonverbalen Signale stimmten nicht. Seine Gesten wirkten mechanisch und unbeholfen und seine Körpersprache schien förmlich zu schreien: »Ich fühle mich total unwohl und glaube nicht einen Deut von dem, was ich euch erzähle!«

Auch sein Timing ließ zu wünschen übrig. Geht eine Geste mit den zu ihr gehörigen Worten einher und erscheint kurz vor oder gleichzeitig mit diesen, wirkt das Ganze stimmig; hinken die Gesten jedoch hinter dem Gesagten hinterher – und genau so war es bei Paul –, kommt es nur gekünstelt herüber. Seine verspätete Gestik zog alles, was er sagte, in Zweifel.

»Was tun?«, fragte ich mich. Und: »Werde ich ihm helfen können?«

Ich beschloss, es zu versuchen. Vielleicht würde ich Wege finden, um ihm flüssigere Bewegungen und ein besseres Timing zu lehren. Was ihm aber wirklich fehlte, war echte Überzeugung.

Im Laufe meiner Karriere als Therapeutin, Vortragsrednerin und Coachin habe ich viel dazu gelernt. Am wichtigsten war jedoch die Einsicht, dass die Körpersprache, um effektiv zu sein, ehrlich und authentisch wirken muss. Glaubt man selbst nicht an die vorgebrachte Botschaft und hegt man keine Sympathie für die Menschen, denen man etwas sagen oder verkaufen will (weil man zum Beispiel das angepriesene Produkt selbst gar nicht kaufen würde), hat man letztlich keine Chance: Früher oder später verrät einen die eigene Körpersprache.

Es war mir wichtig, diese Geschichte gleich zu Beginn dieses letzten Kapitels zu erzählen, denn hier werden Sie erfahren, wie Sie Ihre eigene Körpersprache positiver und wirkungsvoller gestalten können. Falls Sie allerdings vorhaben, andere Leute mit Ihrer Körpersprache reinzulegen, indem Sie ihnen zum Beispiel vorgaukeln, es ehrlich zu meinen, obwohl Sie in Wirklichkeit gar nicht aufrichtig sind, wird das nicht funktionieren. Dafür braucht es sehr viel mehr als ein paar nonverbale Tricks. Wenn es Ihnen aber darum geht, Ihr authentisches Selbst zu zeigen und sich selbst dabei mit einer klaren Körpersprache zu unterstützen, enthält dieses Kapitel eine Reihe von Tipps und Tricks, die Sie freuen werden! Sie werden lernen, wie man innerhalb der ersten Sekunden einer Begegnung den besten Eindruck macht. Sie werden erfahren, welche Körpersignale Sie einsetzen können, um feste und dauerhafte Beziehungen zu anderen aufzubauen. Und Sie werden Tipps dazu erhalten, wie man während eines Auftritts (zum Beispiel bei einer Präsentation oder einer Rede) Ruhe und Selbstbewusstsein ausstrahlt.

Als Erstes müssen Sie herausfinden, wie andere Leute Ihre nonverbalen Signale interpretieren.

Ihre Körpersprache in den Augen der anderen

Wenn Sie vorhaben, Ihre Körpersprache zu verändern, müssen Sie als Erstes darüber nachdenken, welche Signale Sie aussenden. Das hört sich einfach an, ist es letztlich aber nicht.

Sara, Angestellte bei einem Versorgungsunternehmen, klagte, sie würde bei Beförderungsrunden regelmäßig übergangen. »Was mache ich bloß falsch?«, fragte sie verzweifelt. »Ich bin intelligent, ich bin begeisterungsfähig, ich kann hart anpacken. Warum will mich niemand fördern?« Sie selbst kam offenbar nicht auf die Antwort. Als ich sie dann aber eine Weile beobachtete, ging mir sofort ein Licht auf. Schon bei unserem ersten Gespräch war ihr Blick ständig durch den Raum geirrt, als würde sie nach dem nächsten Ausgang suchen. Ihre Hände zuckten unruhig und sie trommelte mit den Fingern auf den Tisch. Nach einer Stunde hatte ich derartige Magenschmerzen, dass ich mir gut vorstellen konnte, dass es ihren Kolleginnen und Kollegen genauso ging. Während sie sich selbst als begeisterungsfähig und dynamisch empfand, vermittelten ihre nonverbalen Signale nichts als Ungeduld und Nervosität.

So geschieht es häufiger mit der Körpersprache: Die nonverbalen Signale stimmen nicht mit dem überein, was man eigentlich ausstrahlen will. Vielleicht sind Sie in Wirklichkeit nur müde und abgespannt, Ihre Körpersprache aber wird als Desinteresse gedeutet. Ihnen gefällt es einfach, mit verschränkten Armen dazustehen – vielleicht frösteln Sie sogar ein wenig –, andere aber nehmen Sie als ablehnend und unnahbar wahr. Die Hände steif neben dem Körper zu halten oder tief in die Taschen zu stecken deutet auf Unsicherheit hin, auch wenn Sie sich eigentlich nicht als unsicher empfinden.

Bei der nonverbalen Kommunikation kommt es nicht darauf an, wie es uns geht und was wir empfinden, sondern einzig und allein darauf, wie die anderen deuten, was wir an Körpersprache zeigen. Diese Deutungen entstehen in der Regel spontan, und zwar im Unterbewussten. Sie basieren auf primitiven emotionalen Reaktionen, die sich seit Anbeginn der Menschheit kaum verändert haben.

Zum Ausprobieren:
Wenn Sie sich das nächste Mal auf ein Vorstellungsgespräch, ein wichtiges Geschäftstreffen oder eine größere Präsentation vorbereiten, spielen Sie mit einer Person Ihres Vertrauens einen Probedurchlauf durch und nehmen Sie diesen per Video auf. Schauen Sie sich diese Aufnahme anschließend ganz in Ruhe an und versuchen Sie dabei, mit sich so ehrlich wie möglich zu sein. Falls Sie die Gelegenheit haben, einen Coach hinzuzuziehen, umso besser. Es reicht aber

auch, wenn Sie sich das bei der Lektüre dieses Buchs Gelernte ins Gedächtnis rufen. Wichtig ist, dass Sie sich kritisch mit der eigenen Körpersprache auseinandersetzen.

Seien Sie aber auch nicht zu ungnädig mit sich selbst. Fast alle Menschen sind entsetzt, wenn sie sich das erste Mal vor der Kamera erleben. Ein Klient sagte mir, nachdem wir uns gemeinsam die Aufnahme eines Probe-Vorstellungsgesprächs angesehen hatten: »Ich muss gestehen, ich hätte mich selbst nicht eingestellt!«

«Darf ich Ihnen einen kleinen Tipp geben? Wenn Sie mit einem Kunden beim Essen sind, malen Sie lieber keine Dollarzeichen ins Kartoffelpüree.»

Sieben Sekunden Zeit für den ersten guten Eindruck

Stellen Sie sich vor, Sie seien bei einem Meeting und wendeten sich dem Ihnen noch fremden Nachbarn zu – und in dem Moment drehte auch er sich zu Ihnen um. In einem solchen Moment stellt Ihr Gehirn Tausende von Überlegungen an: Ist das jemand, auf den ich zugehen kann? Oder sollte ich mich lieber fernhalten? Freund oder Feind? Hilfreich oder gefährlich? Nach nicht einmal sieben Sekunden haben Sie Ihr Urteil gefällt, das sich zwar in Zukunft durchaus noch ändern lässt, wenn Sie die Person besser kennengelernt haben. Der erste Eindruck wird trotzdem hängen bleiben.

Und während Sie sich bewusst oder unbewusst Gedanken über den Nachbarn machen, spielt sich in seinem Gehirn etwas ganz Ähnliches ab.

In der Geschäftswelt sind erste Eindrücke oft ausschlaggebend. Hat jemand Sie erst einmal als »sympathisch« oder »unsympathisch« eingestuft, wird er Sie bis auf weiteres durch diese Brille sehen. Haben Sie Gefallen gefunden, wird er stets das Positive an Ihnen suchen; haben Sie von vornherein missfallen, wird er argwöhnisch bleiben.

Wir können andere nicht daran hindern, Schnellurteile über uns zu treffen – sie liegen nun mal in unserer Natur. Als Teil einer uralten Überlebensstrategie sind unsere Gehirne so konstruiert. Aber wir können versuchen zu verstehen, wie diese Urteile zustande kommen und wie man sie am besten im eigenen Sinne nutzen kann.

Der erste Eindruck wird vorwiegend durch die nonverbalen Signale geprägt. Studien haben ergeben, dass nonverbale Hinweise viermal so stark wirken wie das gesprochene Wort. Zum Glück sind die Faktoren, die andere für Sie anziehend machen, auch die, die diese bei Ihnen suchen.

Auch im Geschäftsleben haben wir am liebsten mit Menschen zu tun, die uns glaubwürdig und vertrauenswürdig vorkommen, mit denen wir ungezwungen sein können und uns wohlfühlen. Und genau diese Eigenschaften können wir in den besagten sieben Sekunden herüberbringen. Jede Begegnung, ob bei einem Meeting, bei einer Messe oder beim Arbeitsessen, bietet die Chance, andere Menschen kennenzulernen, das eigene Netzwerk zu erweitern und wichtige Kontakte zu knüpfen.

Hier sind sechs wichtige Methoden, mit deren Hilfe man einen guten ersten Eindruck machen kann:

1. **Stellen Sie sich auf die Situation ein:** Ehe Sie jemanden ansprechen, ein fremdes Büro betreten oder auf die Bühne gehen, um einen Vortrag zu halten, sollten Sie sich die Situation vor Ihrem geistigen Auge vergegenwärtigt haben. Passen Sie Ihr Auftreten bewusst an, überlassen Sie es nicht dem Zufall. In jeder Situation positiv wirkt es, wenn Sie neugierig, freundlich, offen, geduldig, nahbar, offenherzig und hilfsbereit auftreten. Wollen Sie andere abschrecken, brauchen Sie sich nur wütend, gelangweilt, ungeduldig, arrogant, ängstlich, frustriert oder argwöhnisch zu geben.

2. **Lächeln Sie:** Ein Lächeln wirkt einladend auf andere und strahlt immer ein Willkommen aus. Mit einem Lächeln eilt Ihnen die Nachricht voraus: »Ich bin ein freundlicher und umgänglicher Typ.«

3. **Suchen Sie Augenkontakt:** Jemandem in die Augen zu schauen zeugt von Selbstbewusstsein, Interesse und Offenheit. Augenkontakt zu halten kann man üben: Nehmen Sie sich immer vor, die Augenfarbe Ihres Gegenübers bewusst wahrzunehmen.

4. **Heben Sie leicht die Augenbrauen:** Öffnen Sie die Augen etwas weiter als üblich zum Augenbrauensignal. Es vermittelt Interesse, Anerkennung und Bestätigung.

5. **Reichen Sie die Hand:** Jemandem die Hand zu schütteln ist der sicherste Weg zu gegenseitigem Einverständnis. Studien zeigen, dass man sich bis zu drei Stunden lang intensiv unterhalten muss, um dieselbe Wirkung zu erzielen.

6. **Beugen Sie sich leicht vor:** Wer sich vorbeugt, zeigt, dass er mit Interesse und Engagement bei der Sache ist. Respektieren Sie dabei aber immer die persönliche Wohlfühlzone Ihres Gegenübers und wahren Sie den gebührenden Abstand. Bei beruflichen Kontakten beträgt er in der Regel etwa 60 cm.

Zum Ausprobieren:

Haben Sie den Sieben-Sekunden-Test bestanden und sind schon eifrig ins Gespräch vertieft, können Sie mit nur einem einzigen weiteren nonverbalen Signal einen nachhaltig positiven Eindruck hinterlassen: Prägen Sie sich den Namen Ihres Gegenübers ein und suchen Sie nach einer Gelegenheit, diesen Namen zu einem späteren Zeitpunkt noch einmal zu wiederholen. Verankern Sie diesen positiven Moment im Gedächtnis der anderen Person, indem Sie dabei leicht deren Unterarm berühren.

Warum das so wichtig ist? Weil die Berührung auf diese Weise mit dem positiven Erlebnis gekoppelt wird, dass Sie sich nicht nur an den Namen erinnert, sondern ihn auch laut ausgesprochen haben. Dies wird nun mit der Berührung verknüpft (oder verankert). Bei jeder folgenden Begegnung lässt sich der positive Eindruck wiederbeleben, indem Sie wie beim ersten Mal leicht den Arm der anderen Person berühren.

Körpersprache – durch die Augen der anderen gesehen

Wir alle haben schon schlechten Service erlebt und kennen die nonverbalen Signale, die ihn üblicherweise begleiten. Mitten in der Beratung nimmt die Verkäuferin ein privates Telefongespräch an und dreht Ihnen den Rücken zu. Die Empfangsdame begrüßt Sie mit einem gelangweilten Blick. Der Kollege rollt mit den Augen, wenn Sie ihn um weitere Informationen bitten. Wer kennt so etwas nicht?

Ralph lernte ich als sachlich-nüchternen Geschäftsmann kennen, der seinen Ruf und seine Karriere der Fähigkeit verdankte, Aufgaben energisch anzupacken und zu Ende zu führen. Auch wenn er gele-

Kundendienst schreiben wir ganz groß

gentlich vor wichtigen Kunden mal einen Vortrag hielt, verließ er sich auf diese Qualitäten. Warum sollte er sich Gedanken um seine Körpersprache und den Aufbau positiver Geschäftsbeziehungen machen?

Als ich es ihm erklären wollte, fiel mir folgendes Beispiel ein:

Von allen Berufssparten müsste doch eigentlich die Medizin am meisten auf die Qualität ihrer Arbeit achten, sollte man meinen. (Wer will sich schon von einem unfähigen Arzt behandeln lassen?) Untersuchungen über die Gründe, warum Patienten ihre Ärzte verklagen, sind jedoch eindeutig: Sie legen auf die zwischenmenschliche Kompetenz (heute auch »klinische Empathie« genannt) ebenso viel Wert wie auf medizinische Fähigkeiten.

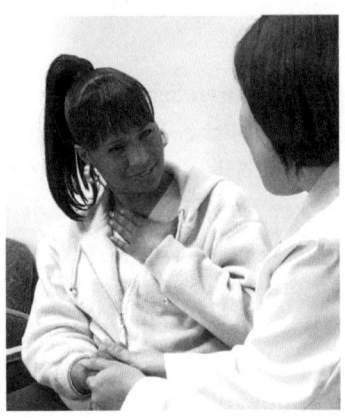

Die positive Arzt-Patienten-Beziehung lebt von der persönlichen Note

Als wichtigster Faktor bei vielen rechtlichen Auseinandersetzungen zwischen Ärzten und ihren Patienten stellte sich – neben den eigentlichen »Kunstfehlern« – die Qualität der Beziehung heraus, und diese wird größtenteils durch die nonverbale Kommunikation bestimmt. Nach einer Studie hatten mehr als 50 Prozent der untersuchten 263 Patienten und Patientinnen, die ihren Arzt oder ihre Ärztin schließlich verklagten, schon vor dem eigentlichen Vorfall Probleme mit dessen Verhalten.

Ralph ist zwar kein Mediziner, aber es gibt genug Menschen wie Ralph, die meinen oder zumindest behaupten, Beziehungen spielten in ihrem Beruf keine Rolle. Falls auch Sie dazu gehören, sollten Sie diese Einstellung kritisch hinterfragen. Ich kenne eigentlich keinen

Beruf, bei dem der Kundenkontakt und die dabei verwendete Körpersprache für den Erfolg *nicht* ausschlaggebend sind. Egal wo man arbeitet, es gibt einige Prinzipien, die überall gültig sind. Hier einige Beispiele aus dem medizinischen Bereich, die genauso auf andere Branchen übertragen werden können:

• Patientinnen und Patienten fühlen sich zufriedener, wenn Ärztinnen und Ärzte auch nonverbal ihr Interesse zeigen, sich also im Gespräch zum Beispiel leicht vorbeugen, verständnisvoll nicken und mithilfe offener Gesten die zwischenmenschliche Distanz verringern, anstatt nur in die Akten zu schauen oder auf medizinische Schaubilder oder Modelle zu zeigen.

• Der wichtigste Moment in der Arzt-Patienten-Beziehung ist die allererste Begrüßung. Kommt ein persönliches Interesse für die Belange des kranken Menschen zum Ausdruck? Gibt es einen freundlichen Händedruck? Augenkontakt? Ein Lächeln?

• Patientinnen und Patienten haben den Eindruck, länger im Behandlungszimmer gewesen zu sein, wenn der Arzt oder die Ärztin sich hinsetzt, anstatt stehen zu bleiben. Die sitzende Haltung signalisiert Interesse und Aufmerksamkeit, Ruhe und Konzentration und ermöglicht ein Gespräch »auf Augenhöhe«. Wer stehen bleibt, spricht »von oben herab« und hat es offenbar nötig, durch Äußerlichkeiten seine Autorität zu unterstreichen.

• Bei Ärztinnen und Ärzten, die auf die Uhr schauen, mit den Fingern auf dem Tisch trommeln oder ständig zur Tür schauen, drängt sich der Eindruck auf, dass sie es eilig und eigentlich keine Zeit für das Gespräch haben.

• Scheuen Ärztinnen und Ärzte vor Körperkontakt zurück und beugen sie sich nicht vor, sondern halten auf Distanz, signalisieren sie durch dieses Verhalten, dass es möglicherweise Probleme gibt, die noch nicht angesprochen wurden.

• Ein von einer Patientin oder einem Patienten als problematisch empfundenes nonverbales Verhalten kann zu einem Bruch in der Arzt-Patienten-Beziehung führen.

Interessanterweise schneiden Ärztinnen und Ärzte mit positivem nonverbalem Verhalten bei der Beurteilung durch ihre Patientinnen und Patienten durchweg besser ab, weil sie als zugewandt empfunden werden. Ganz egal, ob Sie Ärztin, Verkäufer, Lehrerin, Coach, Abteilungsleiterin oder Manager sind – Zugewandtheit ist immer der Schüssel zu positiven professionellen Beziehungen. Schon Mark Twain sagte treffend: »Den Menschen ist es egal, wie viel du weißt, solange sie wissen, dass sie dir nicht egal sind.«

Mit wem haben Sie es in Ihrem Beruf am meisten zu tun? Mit Laufkundschaft, die in Ihren Laden kommt? Mit Angehörigen anderer Abteilungen der gleichen Firma? Oder mit Einkäuferinnen und Einkäufern anderer Firmen? Wie und wo auch immer: Die Kundenzufriedenheit spielt im Geschäftsleben eine herausragende Rolle. Und ob es Ihnen gelingt, diese Zufriedenheit herzustellen, hängt immer auch von der Verwendung der richtigen Körpersprache ab.

Zum Ausprobieren:
Stellen Sie sich vor, Sie seien Kunde bei Ihrer eigenen Firma. Wie würden Sie den Service bewerten? Die Aufmerksamkeit? Die Höflichkeit? (Natürlich kann man dazu auch die Kundschaft direkt befragen.) Überlegen Sie dann, welche Rolle dabei Ihre nonverbalen Signale spielen. Neigen Sie dazu, widersprüchliche Signale auszustrahlen (weil Sie zum Beispiel mit Worten sagen: »Es würde mich freuen, Ihnen behilflich zu sein«, während Ihr Körper eine ganz andere Sprache spricht). In solchen Fällen nutzt das gesprochene Wort rein gar nichts. Ihr Kunde hält das, was er sieht, für die wahre Botschaft.

Körpersprache auf der Bühne

Ob Sie eine Rede vor 500 Gästen halten, einem potenziellen Kunden ein neues Produkt vorführen oder Ihr Team auf eine neue Arbeitsmethode einschwören müssen, in allen diesen Situation stehen Sie im Rampenlicht – und wer im Rampenlicht steht, sendet laufend nonverbale Botschaften aus. Ihr Publikum wird Sie nach Ihrem Aussehen und Ihrer Körpersprache beurteilen – und zwar innerhalb weniger Sekunden. Oft hat es sich schon seine Meinung gebildet, ehe Sie noch beim eigentlichen Thema Ihrer Rede sind.

»Ehe ich loslege, möchte ich mich für mein Aussehen entschuldigen.
Offenbar ist heute Vollmond.«

Das soll nicht heißen, dass es völlig egal ist, was Sie sagen. Im Gegenteil, Ihr Publikum will überzeugt, emotional berührt und vor allem motiviert werden. Der Inhalt Ihrer Rede muss also relevant und von Bedeutung sein. Weil aber Ihre Körpersprache für den ersten Eindruck entscheidend ist, gibt es eine Reihe von Ratschlägen, was Sie tun oder lieber lassen sollten, um beim Publikum gut anzukommen:

• Stellen Sie sich immer wieder so hin, dass das Publikum Ihren ganzen Körper sehen kann.
• Verstecken Sie sich nicht hinter dem Pult.
• Stehen Sie fest auf beiden Beinen (etwa schulterbreit auseinander) und lassen Sie die Knie leicht gebeugt, ohne sie durchzudrücken.
• Wippen Sie nicht vor und zurück und verlagern Sie nicht ständig das Gewicht von einem Fuß auf den anderen. Es sieht sonst so aus, als seien Sie unkonzentriert oder unsicher.

- Öffnen Sie den Körper zum Publikum. Nehmen Sie die Schultern zurück und entspannen Sie den Oberkörper. Zeigen Sie stets Ihre Hände, und zwar möglichst mit offenen Innenflächen.

- Halten Sie die Hände nicht steif am Körper oder gar hinter dem Körper aneinander geklammert – Sie sehen sonst aus wie ein festgenommener Krimineller. Lassen Sie auch vor dem Körper nicht eine Hand die andere festhalten (»Feigenblatt«-Position). Das wirkt sehr unsicher.

- Suchen Sie immer wieder den Augenkontakt mit dem Publikum. Schauen Sie einzelne Personen mindestens drei bis fünf Sekunden lang an.

- Lassen Sie Ihren Blick nicht zu schnell über das gesamte Publikum schweifen, ohne einzelne Personen anzuschauen. Das Gegenteil ist natürlich auch nicht angebracht: Bleiben Sie mit Ihrem Blick nicht länger oder immer wieder an einer Person hängen.

- Bewegen Sie sich auf der Bühne, bleiben Sie nicht wie angewurzelt stehen. Das menschliche Gehirn will Bewegung sehen, um aufmerksam zu bleiben.

- Gehen Sie aber auch nicht ständig hin und her. Am besten ist eine Kombination aus Bewegung und Bewegungspausen, in denen Sie zum Beispiel stehen bleiben, um bestimmte Punkte hervorzuheben.

Zum Ausprobieren:
Wenn Sie das nächste Mal vor einem – kleinen ebenso wie großen – Publikum sprechen müssen, beginnen Sie damit, Ihr Ziel zu definieren. Dies könnte zum Beispiel ein erfolgreicher Geschäftsabschluss, eine Beförderung oder die Einführung einer Innovation in Ihrer Firma sein. Worin auch immer es bestehen mag, richten Sie an diesem Ziel Ihre Körpersprache aus.
Wollen Sie allerdings eher möglichst viel Autorität ausstrahlen, können Sie einige meiner bisherigen Empfehlungen getrost ignorieren:

Autorität lässt sich gut dadurch untermauern, dass man stur hinter seinem Pult stehen bleibt, jeden Augenkontakt zum Publikum vermeidet und nur sparsam gestikuliert. Sollten Sie dagegen Aufrichtigkeit, Zugewandtheit und Glaubwürdigkeit vermitteln wollen, sind Sie doch besser beraten, meine Richtlinien zu beherzigen.

Körpersprache erfolgreicher Führungskräfte

Moderne Führungskräfte, die ihre Teams, Abteilungen oder Firmen voranbringen wollen, sollten Befehle und Drohungen komplett vergessen. Wer heutzutage Erfolg haben will, muss seine Mitarbeiterinnen und Mitarbeiter zu Engagement und kreativer Zusammenarbeit ermutigen. Das Wichtigste dabei: Beides muss freiwillig kommen. Man kann Menschen nicht dazu prügeln, kreativ zu sein und ihre besten Ideen mit anderen zu teilen. Aber man kann positiv auf ihr Verhalten Einfluss nehmen und sie dazu motivieren, nach Höherem zu streben.

Um erfolgreich führen zu können, müssen Sie sehr genau auf die Körpersprache Ihrer Mitmenschen achten, um nicht nur deren verbale Aussagen zu verstehen, sondern auch das, was tatsächlich – oder außerdem noch – gemeint ist. Das macht die nonverbalen Signale, die Sie in diesem Buch kennengelernt haben, so enorm wertvoll, weil sie einfach mehr als alle Worte sagen können. Gleichzeitig muss Ihnen klar sein, dass auch Sie ständig nonverbale Signale aussenden und damit Ihre Gefühle, Vorlieben und Abneigungen ebenso wie Ihre Erwartungen an andere zum Ausdruck bringen. Mimik und Gestik transportieren Positives ebenso wie Negatives, Begeisterung, Freundlichkeit und Zuversicht ebenso wie Arroganz, Gleichgültigkeit und Unzufriedenheit.

Vermeiden Sie Widersprüche zwischen verbaler und nonverbaler Botschaft, denn diese sorgen für Verwirrung, wirken sich negativ auf die Leistung aus und können die Entwicklung konstruktiver Arbeitsbeziehungen behindern. Dies gilt für alle Führungskräfte, von der Firmenchefin über den Abteilungsleiter, von der Teamleiterin bis zum Vorarbeiter.

Nehmen wir als Beispiel den Geschäftsführer einer großen Ölgesellschaft, der in einem teuren Anzug in der Raffinerie erscheint, um mit den in Blaumänner gekleideten Maschinenführern, Elektrikern und Lagerarbeitern zu sprechen. Doch damit nicht genug! Kaum wurde er allen vorgestellt, bahnt er sich einen Weg zu seinem Platz und legt seine Uhr (wahrscheinlich eine Rolex) auf das Rednerpult. Damit macht er auf nonverbale Weise klar: »Ich bin ein sehr wichtiger und vielbeschäftigter Mann, der sich nicht gern in einer so schmuddeligen Umgebung aufhält. Ich habe exakt 20 Minuten für Sie, also fangen wir an!« Diese Botschaft unterscheidet sich allerdings stark von dem, was er nun laut sagt: »Ich freue mich sehr, heute bei Ihnen zu sein.«

Was meinen Sie, welcher Botschaft die Leute in der Raffinerie eher glauben?

Teamgeist durch Körpersprache

Keine Führungskraft, und mag sie auch noch so intelligent und leistungsfähig sein, kann alles alleine machen. Sie ist auf die Unterstützung, die Energie und die Ideen vieler anderer Menschen angewie-

Gute Führungskräfte sind stets Teil des Teams

sen, um erfolgreich zu sein. Meine Erfahrungen aus den letzten 25 Jahren zeigen, dass gute Führungspersönlichkeiten auch gleichzeitig gute Kollegen und Kolleginnen sind: Sie arbeiten tatsächlich *mit* ihren Mitarbeitern und Mitarbeiterinnen zusammen und geben ihnen das Gefühl, dass alle, aber auch wirklich *alle* zum Team dazugehören.

Zum Ausprobieren:
Denken Sie beim nächsten Zusammentreffen mit einer Mitarbeiterin oder einem Mitarbeiter daran, dass Teamgeist auch mittels Körpersprache entsteht. Flechten Sie folgende positive nonverbale Botschaften in das Gespräch ein, um eine Atmosphäre des Vertrauens und des gegenseitigen Respekts zu schaffen:
Setzen oder stellen Sie sich direkt vor die andere Person. Jede noch so kleine Drehung lässt sich als Desinteresse deuten und würgt die Gesprächsbereitschaft ab.
Entfernen Sie alle Barrieren zwischen sich und der anderen Person, sodass nichts mehr die klare Sicht aufeinander behindern kann. Räumen Sie sämtliche Telefone, Akten und Papierstapel zur Seite. Noch besser: Verlassen Sie den Platz hinter Ihrem Schreibtisch und gehen Sie auf die andere Person zu.
Halten Sie stets Augenkontakt. Schweift Ihr Blick ab, wird schnell angenommen, Sie würden nicht zuhören (und damit kein wirkliches Interesse am Gespräch haben). Lesen Sie nicht nebenbei und schauen Sie nicht in Ihren Computer.
Verwenden Sie offene Gesten, bei denen die Handflächen nach oben zeigen. Sie signalisieren damit Ehrlichkeit und Offenheit.
Passen Sie die eigene Körpersprache an die der anderen Person an. Spiegeln Sie Körperhaltung, Armposition und Gesichtsausdruck.
Nicken Sie häufig. Sie ermutigen die andere Person damit weiterzusprechen und signalisieren Interesse an ihren Ausführungen.

Motivation durch Körpersprache

Pygmalion im Unterricht gehört zu den umstrittensten Veröffentlichungen in der Geschichte der Pädagogik. Es zeigt, wie sehr die Erwartungen der Lehrenden Schülerleistungen beeinflussen können. In dieser mittlerweile klassischen Studie bekamen die teilnehmenden Lehrkräfte eine Liste von Schülerinnen und Schülern, die sich angeblich bereits als besonders leistungsstark erwiesen hätten und von denen sie Überdurchschnittliches erwarten könnten. Tatsächlich hatten sich am Ende des Schuljahres eben diese Schüler und Schülerinnen in ihren IQ-Testergebnissen enorm verbessert.

In Wirklichkeit handelte es sich natürlich um eine komplett willkürlich zusammengestellte Liste, der keinerlei Testverfahren vorangegangen waren. Allein der Glaube der Lehrkräfte an deren Begabung hatte ausgereicht, um die guten Ergebnisse der Schüler und Schülerinnen hervorzubringen, denn den Kindern hatte vorher niemand mitgeteilt, dass sie auf einer Liste besonders leistungsstarker Schülerinnen und Schüler standen. Und trotzdem ist diese Botschaft auf subtile, nonverbale Weise bei ihnen angekommen – allein durch Mimik, Gestik, Berührungen und Raumverhalten.

> **Zum Ausprobieren:**
> Stellen Sie sich vor, Sie hätten herausgefunden, dass es sich bei allen Mitgliedern Ihres Teams um echte Spitzenkräfte handelt, was Sie aber niemandem verbal, sondern nur durch Ihre Körpersprache verraten dürfen. Wie würden Sie das angehen? Welche nonverbalen Signale würden Sie einsetzen? Mehr Augenkontakt? Zustimmendes Nicken? Lächeln?
> Haben Sie einmal die Marschroute festgelegt, versuchen Sie, dies eine Woche lang durchzuhalten. Behandeln Sie alle, die für Sie arbeiten, wie potentielle Stars und achten Sie darauf, ob nicht wenigstens einige versuchen, den gestiegenen Erwartungen, die Sie mit Ihrer Körpersprache signalisiert haben, auch gerecht zu werden.

Powerdressing

Meine Freundin Joyce ist Pädagogin und Geschäftsfrau. Eines ihrer Erfolgsgeheimnisse, behauptet sie, sei ihre Art, sich anzuziehen. Selbst den Weg in den Urlaub tritt sie in Businesskostüm und hochhackigen Schuhen an. Ihr Motto lautet: »Zieh dich immer gut an – du weißt nie, wem du zufällig begegnest!«
Vielleicht ist da etwas dran.
Bekanntlich gelingt es uns ja nicht, *nicht* zu kommunizieren. Alles, was wir tun oder lassen, ist gleichzeitig eine Aussage. Dass Joyce ein Kostüm trägt und keine Jeans, will etwas heißen.
Sicher kennen Sie den alten Spruch: »Kleider machen Leute.« Heutzutage gibt es ganze Industrien, die auf nichts anderem aufbauen als auf der Annahme, dass Menschen nach ihrem Äußeren beurteilt werden. In der Karriereberatung heißt es, man solle seine Kleidung an dem Job auszurichten, den man sich *wünscht*, und nicht an dem, den man schon hat. Der hinter diesem Ratschlag stehende Effekt lässt sich positiv nutzen, indem man die richtigen nonverbalen Signale setzt.

»Hat dir denn keiner gesagt, dass heute legere Kleidung angesagt ist?«

Damit sind wir wieder beim »persönlichen Eindruck«. Die Ansichten darüber, welche Kleidung im Büro als geeignet gilt, haben sich im Laufe der Jahrzehnte gewandelt. In vielen Berufen sind heute Schlips und Kragen nicht mehr notwendig, auch wenn über die Alternativen noch keine rechte Klarheit herrscht. Ein Unternehmensberater sagte mir einmal zu diesem Thema: »In der heutigen Zeit, wo angeblich alles leger zugehen darf, entsteht manchmal der Eindruck, es sei wirklich alles erlaubt. Die meisten halten sich vernünftigerweise trotzdem zurück. Andere dagegen wagen sich modisch erstaunlich weit vor, und das selbst in äußerst sensiblen Positionen.« Wie man sich kleidet, sagt viel darüber aus, wie man sich selbst sieht. Bequemlichkeit würde vielleicht sogar zur Produktivität beitragen. Aber geben Badelatschen, Jogginghose und T-Shirt im Zeitalter der »Ich-AGs« wirklich das wieder, was Sie über sich selbst aussagen wollen? Auch wenn man selbst dabei vielleicht nur seine Individualität ausleben will – die Botschaft, die am Ende herüberkommt, könnte lauten: »Ich bin ziemlich unprofessionell.«

Kleider beeinflussen nicht nur den, der sie trägt, sondern auch den, der sie an anderen sieht. Studien belegen, dass wir mit Informationen, Trinkgeld, Spenden und so weiter eher großzügig sind, wenn uns die Kleidung der anderen Person gefällt.

Zum Ausprobieren:
Experimentieren Sie mit Ihrem Aussehen und beobachten Sie dabei ganz genau, wie andere je nach Farbe und Stilrichtung auf Sie reagieren. Aufbauend auf diesen Beobachtungen und Ihren eigenen beruflichen Zielen können Sie dann eine bewusste Entscheidung darüber treffen, wie Sie sich präsentieren wollen.

Die richtige Kleidung zu wählen heißt aber auch, die jeweilige Situation und die daran beteiligten Menschen zu respektieren. Je nach Anlass kann Ihr Stil daher deutlich variieren.

Teresa ist Unternehmensberaterin und im Hinblick auf ihre Kleidung eine Meisterin der Anpassung. Sie trägt gern auffällige Kleider in pink, türkis und feuerrot, dazu Schuhe mit Pfennigabsätzen und möglichst viel Schmuck. So erscheint sie jeden Tag in ihrem New Yorker Büro. Sobald sie sich jedoch mit einem eher konservativen Kunden trifft, wird aus ihr die seriöse, hochprofessionelle Managerin, die sich stets so kleidet, wie sie wahrgenommen werden will.

»Der Erfolg, an dem ich mich beim Anziehen ausrichte, ist immer der Erfolg des Kunden«, sagt sie selbst. Eine ihrer Mitarbeiterinnen erinnert sich daran, wie sie bei der Tagung eines kirchlichen Ordens auftrat, wo sie einen Gesprächskreis leiten sollte. Sie hätte ihre sonst so modisch gekleidete Chefin fast nicht wiedererkannt. Und doch hatte Teresa wieder einmal ins Schwarze getroffen, als sie sich kleidete wie ihre Zielgruppe. Man hätte sie glatt für eine der Nonnen halten können!

Welche Botschaft wollen Sie aussenden?

Die charismatische Körpersprache

Max Weber, der Vater der modernen Soziologie, verwendete erstmals den Begriff *Charisma*, um begabte (und »begnadete«) Führungspersönlichkeiten mit besonderer Ausstrahlung zu beschreiben. Der Begriff leitet sich vom griechischen Wort *kharisma* (= gnädige oder göttliche Gabe) ab. Heute heißt es gelegentlich, Charisma bestünde »aus einem Teil Selbstbewusstsein, einem Teil Ausstrahlung und einem Teil Sex-Appeal«. Doch wie auch immer man sie definiert, die charismatische Persönlichkeit erkennt man auf Anhieb. Wer Charisma hat, kann uns dazu bringen, seine Vision zu teilen – sei sie geschäftlicher, sozialer, religiöser oder politischer Natur.

Im Rahmen dieses Kapitels möchte ich Charisma als Körpersprache definieren, die sich mit dem gesprochenen Wort vollkommen deckt. Egal, in welcher Branche Sie arbeiten – am charismatischsten sind Sie, wenn Sie innerlich vollkommen eins sind mit dem, was Sie zum Ausdruck bringen.

Die Verbindung zwischen Charisma und Körpersprache haben außer mir natürlich auch schon andere entdeckt. Howard Friedman zum Beispiel, Professor der Psychologie an der University of California in Riverside, misst Charisma, indem er nonverbale Signale durch Mimik, Gestik und Körperhaltung aufzeichnet. Seiner Ansicht nach besitzen charismatische Menschen ein natürliches Lächeln (mit den berühmten Augenfältchen), verwenden eine große Bandbreite an Gesten und berühren ihre Gesprächspartnerinnen und Gesprächspartner während des Gesprächs gelegentlich. Friedman entwickelte daraufhin den »Affective Communication Test«, der heute in vielen großen US-Firmen zur Beurteilung potenzieller Führungskräfte verwendet wird. Die Resultate geben Friedman Recht. Der erfolgreichste Verkäufer des Autoherstellers Toyota in den USA schnitt mit 95 Prozent, der Marketingchef einer Haarersatzfirma mit 99 Prozent ab.

Sie sind ein »Naturtalent«

Einmal coachte ich den Leiter einer Forschungsabteilung, der eine größere Präsentation vorzubereiten hatte. Im Zweierkontakt war er klug, charmant und humorvoll. Seine Körpersprache stimmte und war sehr ausdrucksvoll. Stand er vor Publikum auf einer Bühne, gab es stets ein nonverbales Desaster. Nicht dass es ihm an der nötigen Technik gefehlt hätte – er war nur derart verkrampft, dass seine Körpersprache gar nicht zum Zuge kam und seine Persönlichkeit sich nicht entfalten konnte.

Vielleicht geht es Ihnen ähnlich. Wenn Sie mit Freundinnen und Freunden reden, bringen Sie Gestik und Mimik zum Einsatz, um bestimmte Dinge eindrücklich zu beschreiben. Sie lächeln, runzeln die Stirn, zucken mit den Schultern, holen mit den Armen aus. Denken Sie immer daran: Ihre Zuhörerinnen und Zuhörer im geschäftlichen Umfeld brauchen diese Gesten genauso, um Ihre Botschaft zu verstehen und das große, inspirierende Bild zu sehen, das Sie ihnen auszumalen versuchen.

Manchmal braucht man bloß aus sich herauszugehen,
um bei anderen gut anzukommen!

Große Persönlichkeiten

Die männliche Bevölkerung der USA besteht zu 14,5 Prozent aus Männern, die größer sind als 1 Meter 80; bei den Führungskräften in den 500 größten Firmen sind es dagegen 58 Prozent. Noch verblüffender ist die Tatsache, dass nur 3,9 Prozent aller Männer mindestens 1 Meter 88 messen, während bei den Führungskräften bis zu 30 Prozent so groß sind. Körpergröße wird also offenbar mit Führungseignung gleichgesetzt.

»Irgendwo habe ich gelesen, dass große Menschen mehr verdienen und schneller befördert werden.«

Auch wenn es ab einem bestimmten Alter eher unwahrscheinlich ist, dass man noch wachsen wird, gibt es Möglichkeiten, wie man größer wirken kann, vor allem mithilfe einer korrekten Körperhaltung. Besonders wichtig ist dies in Situationen, in denen man vor anderen sprechen muss. Stellen Sie sich aufrecht hin. Erhobenen Hauptes vermitteln Sie am ehesten Selbstbewusstsein, Kompetenz und Souveränität.

Die Verbindung von Körper und Geist

Wie stark die innere Verfassung die Körpersprache beeinflussen kann, haben wir bereits gesehen. Wer deprimiert ist, lässt leicht die Schultern hängen und schaut zu Boden. Wem es dagegen gut geht, lächelt, steht aufrecht und richtet den Blick geradeaus. Ist Ihnen aber klar, dass dieser Effekt auch umgekehrt wirksam ist? Die eigenen Gesten, Bewegungen und Körperhaltungen – ja, selbst die eigenen Gesichtsausdrücke – wirken sich direkt auf die Botschaften, die zum Gehirn gelangen, und damit auch auf unsere Stimmung aus.

In diversen Studien bat man die Versuchspersonen, entweder zu lächeln oder ein missgelauntes Gesicht zu machen. Anschließend bekamen sie Bilder von verschiedenartigen Situationen vorgelegt. Wer vorher gelächelt hatte, fand die Bilder angenehm und freute sich daran. Wer vorher dagegen missmutig geschaut hatte, empfand beim Betrachten der Bilder eher unangenehme Gefühle. Weitere Studien konnten nachweisen, dass ein Lächeln auf den Lippen direkte physiologische Veränderungen bei Körpertemperatur, Puls und Hautwiderstand hervorrufen kann.

Lächeln tut man am ehesten beim Gedanken an etwas Angenehmes oder Amüsantes. Selbst ein aufgesetztes, mechanisches Lächeln kann offenbar positive Gefühle erzeugen. Im Rahmen einer Studie sollten zwei Gruppen von Versuchspersonen Cartoons von Gary Larson betrachten. Die Mitglieder der ersten Gruppe fanden jeden einzelnen Cartoon lustiger als die zweite Gruppe. Und was unterschied beide Gruppen? Die Mitglieder der ersten Gruppe mussten einen Bleistift zwischen den Zähnen halten, mehr nicht. Das dadurch simulierte Lächeln auf ihren Gesichtern reichte aus, um ihre Gefühle zu beeinflussen: Sie fanden die Cartoons lustiger.

Zum Ausprobieren:
So viel steht fest: Selbstbewusstsein zahlt sich aus. Ich habe in meiner Laufbahn so viele hoch qualifizierte Leute erlebt, die bei Beförderungen übergangen wurden, einen Deal nicht zu Ende brachten oder im Vorstellungsgespräch versagten – und das alles nur, weil sie keine selbstbewusste Haltung herüberbringen konnten.

Wenn Ihnen das nächste Mal eine Situation bevorsteht, in der Sie Selbstbewusstsein ausstrahlen möchten, achten Sie auf Ihr Äußeres: Stellen Sie sich gerade hin, ziehen Sie die Schultern zurück und strecken Sie den Kopf nach oben. Allein das Einnehmen dieser aufrechten Haltung wird dazu führen, dass Sie sich sicherer fühlen. Setzen Sie dann noch ein echtes Lächeln auf (oder stecken sich einen Bleistift zwischen die Zähne), wird dies Ihrem Selbstbewusstsein extrem auf die Sprünge helfen!

Alle Kräfte bündeln

Damit sind Sie soweit. Sie können nun ans Werk gehen und eine wichtige Präsentation vorführen, eine Rede vor Publikum halten, ein Vorstellungsgespräch gut überstehen und auch den alltäglichen Umgang mit Kolleginnen und Kollegen, Vorgesetzten, Mitarbeiterinnen oder Kunden meistern.

Handelt es sich um eine wichtige Präsentation, haben Sie sicherlich schon die richtigen Worte notiert, die passenden Grafiken vorbereitet und das Ganze mehrfach durchgeprobt. Wenn Sie dieses Buch bis hierher sorgfältig durchgelesen haben, wissen Sie nun auch, worauf es bei den nonverbalen Signalen ankommt und dass einige davon für den Transport Ihrer Botschaft besonders wichtig sind.

Mit anderen Worten: Sie wissen jetzt, warum es so wichtig ist, dass auch Ihr Körper die richtige Sprache spricht.

Sie wissen, was ihr Körper sagt   *Sie wissen nicht, was ihr Körper sagt*

Und damit wissen Sie jetzt, was ich in den letzten 25 Jahren als Therapeutin und Coachin, als Rednerin und Seminarleiterin über die nonverbale Kommunikation gelernt habe. Trotzdem lerne auch ich natürlich jeden Tag weiter. Alles, was ich in Zukunft zum Thema erfahre und an neuen Informationen entdecke, werde ich auf der Website www.NonverbalAdvantage.com zusammentragen. Ich würde mich freuen, wenn auch Sie dort vorbeischauen würden, um sich weiter auf dem Laufenden zu halten, Fragen zu stellen und von eigenen Erfahrungen und Erfolgen zu berichten. Ich freue mich darauf, von Ihnen zu hören!

Danksagung

An dieser Stelle möchte ich vor allem die Mitarbeit von Dave Orman würdigen, dessen kritische Anregungen mir beim Schreiben dieses Buches sehr geholfen haben.

Auch für die große Unterstützung von Brad Whitworth möchte ich mich bedanken. Er scheint wirklich *überall* die richtigen Leute zu kennen.

Wieder einmal bin ich Bob Dilenschneider für seine unermüdliche Ermutigung zu Dank verpflichtet.

Dankbar bin ich auch Pat Welch von der Firma Chameleon Design für ihre künstlerischen Beiträge.

Mark Anderson, Donna Barstow, Randy Glasbergen, Jonny Van Orman und Signe Wilkinson gebührt mein Dank für die wunderbaren Cartoons.

Schließlich danke ich den Mitgliedern des gesamten Teams von Berrett-Koehler für ihre Kreativität, ihre Leidenschaft und ihre fachkundige Beratung.

Über die Autorin

Carol Kinsey Goman, PhD, leitet die Kinsey Consulting Services in Berkeley/Kalifornien. Sie berät zahlreiche Firmen und Einrichtungen, die in einem sich immer schneller wandelnden Umfeld bestehen wollen. Als Coachin hilft sie Führungskräften, Managerinnen und Managern bei der Verbesserung ihrer kommunikativen Kompetenz.

Zudem ist Carol Goman eine gefragte Rednerin auf Seminaren und Kongressen. Ihre Kunden sind große Firmen, staatliche Einrichtungen und Handelsorganisationen auf der ganzen Welt. Zu ihren kürzlich gehaltenen Vorträgen gehören:

- »Vorteil durch nonverbale Kommunikation«
- »Nonverbale Signale in der Mitarbeiterführung«
- »Kontinuierlichen Wandel meistern«
- »Durch Wandel zum Erfolg«
- »Kooperation als Führungskompetenz«

Neben diesem Buch hat Carol Goman neun weitere Sachbücher verfasst, darunter »This Isn't the Company I Joined: How to Lead in a Business Turned Upside Down« sowie »Ghost Story«. Sie erscheint regelmäßig in den einschlägigen Medien wie »Industry Week«, »Investor's Business Daily«, »CNNs Business Unusual«, »Bloomberg TV« sowie »NBC Nightly News« als Expertin. Sie lehrte Betriebswirtschaft an der John F. Kennedy University, an der University of California an den Institutes for Organization Management der Chamber of Commerce of the USA.

Sie können per E-Mail unter CGoman@CKG.com oder per Telefon unter +1 510 526 1727 zu Carol Goman Kontakt aufnehmen. Jederzeit zu erreichen ist sie außerdem über ihre Websites www.CKG.com und www.NonverbalAdvantage.com.